LES

MYSTÈRES DU CŒUR

POÉSIES

PAR

Mme Célénie DOUILLON,

Membre de plusieurs Sociétés savantes.

Les mères en permettront la lecture
à leurs enfants.

LIBRAIRIE INTERNATIONALE,

A. LACROIX, VERBOECKHOVEN ET Cⁱᵉ,
Boulevard Montmartre, 15,

PARIS.
1865.

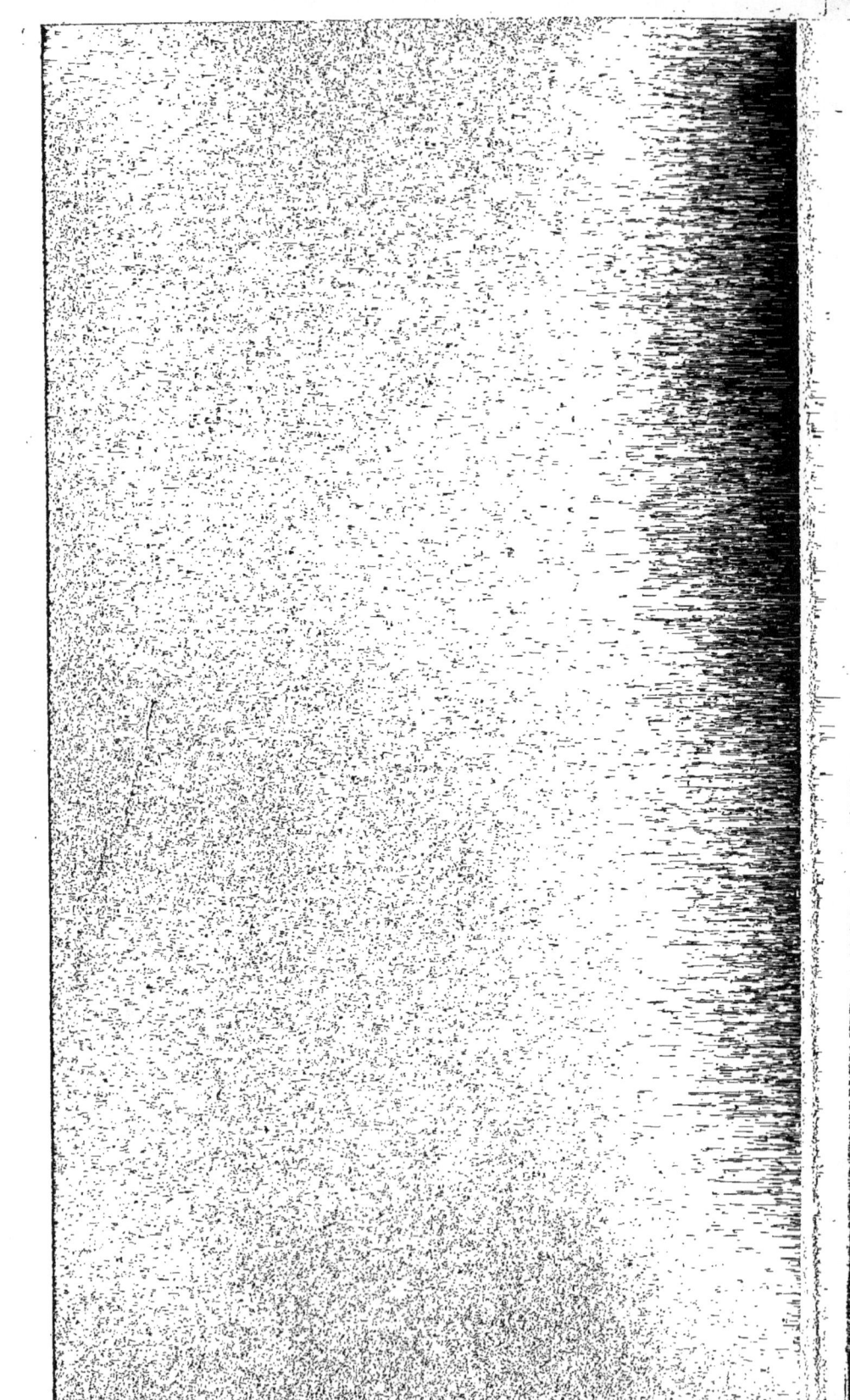

LES MYSTÈRES DU CŒUR.

ROUEN.— IMP. E. CAGNIARD, RUES DE L'IMPÉRATRICE, 66, ET DES BASNAGE, 5.

LES

MYSTÈRES DU CŒUR

POÉSIES

PAR

Mme Célénie DOUILLON,

Membre de plusieurs Sociétés savantes.

Les mères en permettront la lecture
à leurs enfants.

LIBRAIRIE INTERNATIONALE,

A. LACROIX, VERBOECKHOVEN ET Cⁱᵉ,

Boulevard Montmartre, 15,

PARIS.

1865.

A LA

MÉMOIRE DE MON PÈRE

ET DE

MA MERE.

A MES MEILLEURS AMIS.

Je satisfais au devoir le plus cher à mon cœur en adressant les premiers fruits de mon travail à ceux dont les bienfaits m'ont ouvert la route que je vais parcourir, et aux amis qui, loin de me détourner de l'espoir d'être mise au nombre des auteurs de cette époque, ont encouragé mes efforts et mon zèle pour entrer dans la carrière vers laquelle une puissance surhumaine m'entraînait dès mon enfance. C'est à vous, âmes bénies qui m'ont tant aimée, c'est à vous que je veux dédier un ouvrage dont vos vertus m'ont inspiré les meilleurs vers!... Si j'ai retracé l'amour maternel avant même de l'avoir ressenti, c'est-à-dire, avant d'être mère à mon tour, si j'ai pu décrire les sentiments d'un bon père, c'est qu'assurément vous m'avez servi de modèles ! Que de fois votre image fut présente à ma pensée quand je peignais d'heureux et nobles penchants !... Que ne vous dois-je pas, à vous dont les leçons m'ont appris à penser, connaître, apprécier et vivre ?... A vous qui n'aimiez à lire et répéter souvent de beaux traits d'humanité, de courage et de dévoûment, que pour me faire aimer ces douces vertus et les enraciner dans mon cœur... Aujourd'hui qu'une invincible loi nous sépare, j'ai réuni ces chants dont plusieurs doivent la naissance aux épreuves trop cruelles de la vie ; en vous les dédiant, je ne crois pas les abandonner seuls à leur heureux ou malheureux sort.

Et vous, bons et sincères amis, recevez une

part du don que je fais aux âmes révérées de mes chers parents... Recevez quelques-unes de ces fleurs qui devaient éclore dans la solitude de ma vie, comme d'humbles violettes dans le frais gazon qui naît sous l'ombrage des bois. Puisse la vue de ces pauvres fleurettes vous rappeler mon nom, et que leur parfum vous convienne assez pour que vous vous souveniez d'elles !...

Célénie Douillon.

L'auteur pour ses travaux a besoin d'indulgence;
Je sais que cet appui peut manquer ici-bas,
Et que l'âme étrangère à l'humaine souffrance,
Comme je le voudrais ne me comprendra pas...
Mais un jour, loin des ris d'une foule bruyante,
Après avoir du sort combattu la rigueur,
Sous un ombrage épais, puisse une femme aimante
Méditer ces fragments du livre de mon cœur !

DERNIÈRES PAROLES

DE MA MÈRE.

DERNIÈRES PAROLES DE MA MÈRE.

—

I.

Ecoute bien, ma Célénie...
La mort va te priver de moi ;
Mais du Très-Haut la main bénie
S'étendra sans doute sur toi.
Réclame-la pour te conduire
Dans les ténèbres d'ici-bas :
Vers lui si le malheur t'attire,
Elle en détournera tes pas !

— X —

II.

Tu rencontreras la tristesse,
— Son voile est jeté sur nos jours —
Tu verras aussi la jeunesse
S'éloigner de toi pour toujours.
Mais, quand viendront les maux, espère :
Pour tous il est un avenir.
Rien n'est durable sur la terre,
Sache du moins t'en souvenir !...

III.

Ecris, puisque tu sais écrire,
Chante l'auteur de l'univers ;
Si de lui tu tiens une lyre,
C'est pour le louer dans tes vers.
Ta mission est noble et sage,
Remplis-la... Mais, — fatal destin ! —

— XI —

Le poète se décourage
Et reste souvent en chemin !...

IV.

Ce n'est point ainsi qu'il faut faire
Quand on veut dire en expirant :
« J'ai gravi le mont du Calvaire,
« Comme le fils du Tout-Puissant !... »
Va dans cette voie épineuse,
Où Dieu sera ton protecteur...
Adieu, ma fille... Sois heureuse
C'est le dernier cri de mon cœur.

LES
MYSTÈRES
DU
CŒUR.

MA POÉSIE.

MA POÉSIE.

—

> La poésie émane du Ciel. Elle descend sur la terre comme une goutte de rosée et porte la consolation dans les âmes malheureuses. La poésie est la consolatrice des infortunés, comme la sœur de charité est la servante des malades.
>
> Mme Célénie D...

Lorsque tu m'apparus, vierge au regard de flamme,
    J'étais bien jeune encor...
Tu glissas doucement dans les plis de mon âme
    Un précieux trésor.
J'ai recueilli les fruits que tes saintes paroles
    Offraient à mon esprit.
Messagère des cieux, ô toi qui me consoles,
    L'Eternel te bénit !

Quand la mort enleva mon père à ma tendresse,
  Tu m'aidas à lutter
Contre le lourd fardeau que la sombre tristesse
  Me donnait à porter !
D'un éternel malheur le domaine est sur terre,
  Le sais-tu comme moi ?
Même avant mon printemps j'avais perdu ma mère ;
  Que ferais-je sans toi ?...

Verse donc en mon cœur ton essence féconde,
  Verse, verse toujours ;
Si de son âpre fiel la souffrance m'inonde
  En abrégeant mes jours,
Je mourrai sans regret, — pour mourir je suis née, —
  Dans la nuit du trépas
J'entrerai souriante, et calme et résignée,
  Sans ralentir mes pas.

C'est Dieu qui te conduit, c'est la Foi qui t'éclaire,
  Tu ne peux t'égarer ;
Aux chagrins que j'endure, ah ! daigne me soustraire
  Et dis-moi d'espérer !...
Soutiens mon corps souffrant que la force abandonne ;
  Viens cacher ma pâleur ;
Et qu'au fond de mon âme incessamment résonne
  Ton luth inspirateur !...

Ces chants, dont tes conseils ont cultivé l'enfance,
  Au passé vont s'unir...
Ils s'échappent sans bruit du lieu de leur naissance,
  Pour n'y plus revenir...
Ces fleurs de mon esprit, qui sans soleil éclosent,
  Me quittent sans douleurs,
Pour languir dans l'oubli, gouffre immense où reposent
  Les noms de tant d'auteurs !...

Si tu m'aimais, du moins, le bonheur d'être aimée
Calmerait mes tourments ;
Sur mon front, dans mes yeux, la peine est imprimée
Et les soucis cuisants...
Vers l'exil j'ai vu fuir la divine Espérance ;
Pourrais-tu me rouvrir
Son temple qui se ferme à ceux dont l'existence
Est faite pour souffrir ?...

Le devoir, — mon mentor et mon juge sévère, —
M'ordonne de t'aimer ;
Je ne te dirai pas que je fais le contraire,
Ce serait t'alarmer :
Je t'aime et t'aimerai jusqu'à ma dernière heure ;
A tes soins j'ai recours ;
C'est par toi que je vis, et la vie est meilleure
Quand on aime toujours !

MORT D'UN HÉROS.

A M. LE GÉNÉRAL K...

MORT D'UN HÉROS.

A M. le Général K...

—

Couché sur l'arêne sanglante
Après un combat glorieux,
Souffrant d'une plaie alarmante,
Un guerrier rendait grâce aux Cieux.

Mourant de la mort prompte et belle
Qu'il avait demandée à Dieu,
Sa douleur était moins cruelle
En quittant ce terrestre lieu.

Mais avant que de rendre l'âme,
De l'offrir à son Créateur,
Avant de délier la trame
D'une vie encore en sa fleur,

Il jette un regard tutélaire
Sur son fils pleurant, à genoux,
Et priant à côté d'un père
Entouré des soins les plus doux.

« Viens, cher ami, que je t'embrasse,
Dit le héros en souriant,
« Et qu'un jour ta valeur surpasse
« L'espoir que je crée en mourant.

« Choisis la carrière des armes :
« Comme ton père, sois soldat !
« Rien pour moi n'eut autant de charmes
« Que l'honneur de venger l'Etat.

« Brave les écueils de la gloire ;

« Aime les dangers à courir ;

« Marche de victoire en victoire,

« Et meurs où tu me vois mourir !

« Ah ! puisse pour chérir la femme

« Que te destine le Seigneur,

« Puisse ton âme être mon âme !

« Et pour combattre, prends mon cœur !

« Porte mes adieux à ta mère

« Qui n'aima que son fils et moi ;

« Dis-lui qu'en perdant la lumière

« Je ne regrette qu'elle et toi !

« Ma mort vient trop tôt, mais, écoute,

« Il m'est doux d'avoir bien vécu,

« Et combien de vainqueurs, sans doute,

« Jalousent le sort du vaincu !...

« Prends mon épée... Hélas ! naguère,
« Je n'eusse pas quitté ce bien :
« C'est un don sacré de mon père,
« Qui le tenait aussi du sien.

« Conduis cette arme avec prudence ;
« Acquiers-la comme je l'acquis,
« Car, avant d'être ma défense,
« Tu le sais, elle fut mon prix.

« A l'émoi si tu t'abandonnes
« En voyant l'airain éclater,
« Si tu pâlis, si tu frissonnes,
« Tu n'es pas fait pour la porter !

« Mais que Dieu t'épargne ces peines !
« Dans les périls sache grandir !
« Que le sang caché dans tes veines
« Brûle au lieu de se refroidir !

« Prends-la cette épée encor belle
« Après avoir servi longtemps,
« Et ce que j'ai gagné par elle
« Exige-le de tes enfants.

« C'est un devoir que je t'impose ;
« Et, pour révéler un grand cœur,
« Ne la tire jamais sans cause,
« Ne la remets pas sans honneur ! »

LE SAULE PLEUREUR.

LE SAULE PLEUREUR.

—

Lorsque je viens rêver à l'ombre de tes ailes,
   Saule si cher à la douleur,
La vie et la nature ont des roses plus belles
   Pour mes regards et pour mon cœur.

Quoique tu n'offres pas ce que l'homme, sur terre,
   Appelle la félicité,
Comme où Dieu le créa s'attache le lierre,
   Moi, je me lie à ton côté.

Qu'il est doux ton abri quand l'existence est dure,
Quand on est las de trop souffrir,
Et lorsque dans le cœur on cache une blessure
Que la mort seule peut guérir !...

Je ne rencontre point sous ton modeste ombrage
Celui qui n'a jamais pleuré ;
Mais la mélancolie au gracieux visage
Y répand un charme ignoré.

Tu ne m'apparais point au fond d'un cimetière
Sans courber tes rameaux tremblants
Vers le sol où chacun te croirait en prière,
Tel un malheureux sans parents !

Jamais tu ne connus les cuisantes alarmes ;
Mais tu sembles pieux et beau,
Quand du ciel tu reçois les bienfaisantes larmes
Pour les verser sur un tombeau.

Lorsque d'un vain plaisir aux mille voix joyeuses,
    On se plaît à suivre la loi,
Et lorsqu'au sein des ris les femmes sont heureuses,
    Je viens m'asseoir auprès de toi.

Ah ! que j'aime bien mieux, ignorée et tranquille,
    Voir mes ans passer sans retour...
Ah ! que j'aime bien mieux la paix de ton asile
    Que ma part du bonheur d'un jour !...

Le monde m'a crié : « Pourquoi, si jeune encore,
    « Loin de moi diriger tes pas ? »
Et l'amitié m'a dit : « Lorsque ma voix t'implore,
    « Pourquoi ne me réponds-tu pas ?

Tu m'écoutes pourtant, ou tu n'es plus la même,
    « Ou tu ne veux plus que souffrir,
Ou bien de ma pitié le langage suprême
    « Ne peut que t'aider à mourir !

« Pourquoi noyer tes yeux dans la source des larmes,
« Quand, pour les trésors que tu perds,
« J'ai des fruits, j'ai des fleurs dont tu vantais les charmes
« Avant d'être en proie aux revers ? »

Bientôt, sans l'approcher, je répondis au monde :
Jamais tes frivoles plaisirs
Ne sauront m'entraîner dans leur dédale immonde,
Ne pourraient fixer mes désirs.

Dieu ne t'a point donné ce qu'il faut pour me plaire ;
Parle à ceux que tu peux charmer :
Mais ton perfide encens ne m'est point nécessaire,
Et mon cœur renonce à t'aimer.

Pourrais-je dans ton sein être bien accueillie,
Moi qui suis triste et sans détour...
Moi que l'on trouve aux lieux où l'âme recueillie
Aspire au céleste séjour ?

Mais, ô douce Amitié, toi que les cieux m'envoient,
    Sans ton appui que devenir?...
De ma muse aujourd'hui les ailes se déploient
    Pour te porter dans l'avenir !

Ne m'accuse donc pas de noire ingratitude
    Lorsque, sous un saule pleureur,
Tu me vois préférer un peu de solitude
    A ce qui pervertit le cœur.

Je m'éloigne à tes yeux de ces fêtes frivoles,
    Qui n'ont rien d'attrayant pour moi ;
Je fuis des insensés les brillantes idoles,
    Et les lieux où le vice est roi ;

Mais rester insensible à ta parole sage,
    Oublier tes touchants attraits,
Moi, cesser de sourire à ta divine image
    Et ne plus t'entendre... jamais !

Va, ton cher souvenir est un ami fidèle
    Qui ne me quitte en aucun lieu ;
Tu soutiens mon courage, Amitié toujours belle,
    Et grandis ma croyance en Dieu !

Si je fuis le pervers, c'est pour mieux te comprendre,
    Et compter tes bienfaits nombreux,
C'est pour mieux les peser, c'est pour mieux te les rendre,
    Et tâcher d'être digne d'eux.

Reçois ces chants plaintifs où s'imprime mon âme,
    Car toi, du moins, sensible sœur,
Tu sauras me comprendre et respecter la femme,
    La faible femme dans l'auteur.

Mais laisse-moi rêver à l'ombre de l'envie,
    Sous l'arbre aimé de l'orphelin ;
Là-bas, le bruit du monde obscurcirait ma vie :
    Loin de lui je me plais enfin.

L'image de sa joie et me trouble et m'oppresse ;
  Je soupire et me dis tout bas :
Lorsque le bonheur fuit, lorsque la gaîté cesse,
  Que reste-t-il encore, hélas ?...

Une peine profonde et d'autant plus amère
  Que l'on a connu le bonheur :
On est mieux d'ignorer un plaisir éphémère
  Quand on est né pour le malheur !

. . . .

. . . .

Qu'ils sont tristes, pourtant, les vers que tu m'inspires,
  Doux saule ! et j'aime à les tracer ;
Leur deuil me convient mieux que la joie aux sourires
  Qu'un nuage peut effacer.

Ombrage du grand jour encore ma paupière,
  Tandis qu'au loin chantent les fous ;

Que tes bras protecteurs me couvrent tout entière,
Pour cacher ma vie aux jaloux.

L'hiver fera tomber ta verte chevelure,
Mais le ciel, à chaque printemps,
Te rendra la vigueur et ta fraîche verdure
Pour me protéger tous les ans.

SOMMEIL D'ENFANT.

SOMMEIL D'ENFANT.

*
* *

Au bord d'une onde vive et pure,
Un jeune enfant au teint vermeil,
Sur un lit de fraîche verdure
Goûtait les douceurs du sommeil.

*
* *

Pour voir son gracieux visage,
Je m'approchai tout doucement...
Ah! que l'homme est heureux à l'âge
Que portait ce petit enfant?

*
* *

Il dormait sans souci pénible,
Rêvant les bonbons et le jeu,
Et son âme — source paisible —
Devait s'élever jusqu'à Dieu.

*
* *

Mille fleurs parfumaient sa couche ;
Son front exprimait le bonheur ;
Un sourire errait sur sa bouche ;
Le printemps était dans son cœur.

*
* *

La brise voltigeait à peine,
Pour ne point troubler son sommeil ;
Moi, je retenais mon haleine,
De peur de hâter son réveil.

*
* *

Non, rien qu'un jour à sa naissance
N'était beau comme sa fraîcheur,
Apanage de l'innocence,
Parure unique de la fleur.

*
* *

Hélas ! souvent après le songe,
Me disais-je, fuit le plaisir,
Et de ce qu'offrait le mensonge
Il ne reste que le désir !

*
* *

Alors, par son amour conduite,
Une femme accourt vers l'enfant,
Et, pour le réveiller plus vite,
Elle s'approche en l'appelant.

***

Près de lui, cette tendre mère
Arrive avec joie, à grands pas :
Mais, lui dis-je, qu'allez-vous faire ?...
Croyez-moi, ne l'éveillez pas !

***

Sur vos genoux, dans vos caresses,
Peut-il trouver plus de bonheur
Qu'au sein des brillantes richesses
Dont le sommeil remplit son cœur ?

***

Plus il dormira, plus la vie
Aura pour lui des rêves d'or ;
Oh ! c'est moi qui vous en convie,
Laissez-le reposer encor !

*
* *

Seul, il tournera bien la page
Où l'erreur le tient enchanté ;
Assez tôt il verra l'image
De la triste réalité !...

PARDON.

PARDON.

—

> Quand il vient d'un remords déchirant et sincère,
> Le pardon du Très-Haut doit calmer la colère.

Pardon, pardon, mon Dieu ! pardon, si, dans ma vie,

J'ai parfois méconnu tes immenses bontés ;

De m'en punir, hélas ! as-tu conçu l'envie ?

Tous mes torts envers toi me seront-ils comptés ?

Je possédais encor la céleste espérance,

Mais un destin cruel vient de me la ravir !

Toi qui fis de ton cœur émaner l'indulgence,

Nous la donnerais-tu pour ne pas t'en servir ?

Que le pardon est beau quand de ta main suprême

Il descend sur tous tes enfants !

C'est pour eux le retour des ondes du baptême

Qui coulèrent sur leurs fronts blancs :

C'est aussi la rosée éblouissante et pure,

Prodiguant aux fleurs ses bienfaits ;

C'est le baume calmant qu'on met sur la blessure

Pour en arrêter les progrès !

Pardon ! car j'ai péché, j'ai péché par pensées,

Par paroles, par actions ;

Pardon ! car dans mon cœur les fautes amassées

Le submergent d'afflictions !

Pardon !... plus d'une fois, pour que l'on me pardonne,

O mon père, j'ai pardonné !...

Pardon ! puisque la foi trop souvent abandonne

La route de l'infortuné !

Ne te détourne pas de celle qui t'adore,
      Divin aïeul de mes aïeux ;
Si j'ai pu t'offenser, daigne, quand je t'implore,
      Ne pas te montrer rigoureux ;
Du pécheur ignorant qui vient de te déplaire,
      Eloigne aussi ton abandon !
Permettrais-tu, Seigneur, l'injure involontaire
      Si tu n'avais pas de pardon ?...

Pardon !... à ce seul mot la rigueur souvent plie ;
      C'est le soutien de l'offenseur ;
Le pardon obtenu bientôt réconcilie
      Un cœur avec un autre cœur.
Quelquefois par les yeux le pardon se demande ;
      Du repentir c'est le trésor ;
Il est dans un baiser, — simple et modeste offrande, —
      Dans les pleurs il se trouve encor.

Si, du moins, sur la mer de l'ingrate existence,
Bon pasteur, par pitié, tu me guidais vers toi ;
Si ton bras paternel me servait de défense
Quand celui du malheur s'appesantit sur moi,
Je croirais que le Dieu de qui seul je tiens l'être
N'a pour le repentir jamais un cœur d'airain,
Et l'espoir du pardon me sourirait peut-être,
Si pour gagner le port tu me tendais la main...

MADEMOISELLE DE BERVAL

LÉGENDE ITALIENNE.

MADEMOISELLE DE BERVAL

LÉGENDE ITALIENNE.

Sur le penchant d'une colline,
Un vieux manoir domine un val ;
Dans ce château vivait Claudine,
— Mademoiselle de Berval. —

Son père avait perdu la vie
Sur l'arène du champ d'honneur,
Et sa mère lui fut ravie
Peu de temps après ce malheur.

Alors dans sa vingtième année,
Sans y penser, Claudine entrait,
Et le poids de la destinée
Sur elle, hélas ! déjà pesait.

Simple comme la violette
Que l'on ne saurait oublier,
Seule dans sa noble retraite,
Elle usait sa vie à prier.

Dans les larmes de la souffrance
Scintillait son regard rêveur ;
Mais, pour la tromper, l'Espérance
Descendit un jour en son cœur.

Au temps où de l'hiver le funèbre cortége
Promène la rigueur de son vent glacial,
Un soir, un cavalier sous un torrent de neige,
Contemplait les créneaux d'un manoir féodal.

Cette vieille demeure était encore belle,

L'âge avait épargné son front majestueux,

Que semblaient rajeunir la chute continuelle

Et le blanc virginal des gros flocons neigeux.

« Salut ! dit-il, ô toi que je sais reconnaître,

« Ancienne demeure où ma peine a germé !

« C'est bien là qu'autrefois on me prit pour un traître...

« C'est dans tes vieilles tours que je fus enfermé !

« Chaque jour, au lever du rideau de l'Aurore,

« Par un trou pratiqué dans l'épaisseur du mur,

« Du haut de ce donjon j'aimais à voir éclore

« De l'aube blanchissante un nuage d'azur.

« Le destin arrêta la source de mes larmes

« En ralliant ma vie avec la liberté,

« Dont on n'a le pouvoir d'apprécier les charmes

« Qu'après avoir vécu dans la captivité !...

« C'est là que j'ai laissé celle que j'aime encore :

« Loin d'elle aurais-je pu vivre longtemps heureux ?...

« Quand l'homme est éloigné de l'objet qu'il adore,

« Tout afflige son cœur, rien ne plaît à ses yeux !...

« Elle avait dix-huit ans lorsque la délivrance

« Pour moi fut demandée à l'auteur de ses jours ;

« Elle implora ma grâce, et ma reconnaissance

« Pour ma libératrice existera toujours. »

Il s'exprimait ainsi lorsqu'une jeune fille,

Pour savoir qui rôdait à l'entour du château,

Ouvrit une fenêtre, et, derrière une grille,

Vers le bruit dirigea la clarté d'un flambeau !

LE CAVALIER.

Du comte de Berval noble et belle héritière,

Pour vous épouvanter je ne suis pas venu.

LA JEUNE FILLE.

A cette heure, en ce lieu, que venez-vous donc faire ?

LE CAVALIER, *à voix basse.*

Faut-il de ce qu'on aime être ainsi méconnu !...

LA JEUNE FILLE.

Etes-vous un passant écarté de sa route ?

LE CAVALIER.

Comme lui sur mes pas j'ai voulu revenir...
Me reconnaissez-vous, Claudine ? Oui, sans doute ?...

LA JEUNE FILLE.

Qui vous amène ici ?

LE CAVALIER.

L'ombre d'un souvenir.

LA JEUNE FILLE.

Jeune homme, votre voix ne m'est point inconnue,
Mais la gaze du soir me dérobe vos traits...

LE CAVALIER, *s'inclinant.*

Du vaillant Sigismond le frère vous salue...

LA JEUNE FILLE.

O ciel !

LE CAVALIER.

Qui suis-je, enfin ?

LA JEUNE FILLE.

Celui que j'attendais...

Huit jours plus tard, une cloche argentine
Par ses accents annonçait un hymen ;
Puis devant Dieu la charmante Claudine
Au cavalier donnait sa blanche main.

Sur le sentier du manoir au saint temple
Tous les enfants allaient jeter des fleurs ?
Les mariés semaient, à leur exemple,
Dans l'avenir de brillantes couleurs.

Mais il n'est point d'illusion sans peine,
Ni de jour pur dans un ciel orageux ;
Quand on l'attend, la joie est incertaine,
Quand on la tient, peut-on se croire heureux ?

Non, non, jamais, non, car son inconstance
A su briser mille fois nos desseins ;
Sur tous les cœurs on connaît sa puissance
Qui nous soumet à celle des chagrins !...

Du fier Raoul, depuis à peine une heure,
Claudine était l'épouse et le trésor,
Et lentement ils quittaient la demeure
Où les chrétiens pour prier vont encor.

Des chevaliers, des barons, des rois même
Tout doucement cheminaient sur leurs pas ;
Mais, dans l'excès de son bonheur suprême,
Raoul tomba sous le faix du trépas !

Son âme alors, sans la robe mortelle,
Put s'envoler loin des sources du mal,
Et l'on porta son corps dans la chapelle
Qui dépendait du manoir de Berval.

La jeune veuve, en sa douleur profonde,
Jusqu'à sa mort entendit, chaque soir,
Des cris plaintifs effrayant tout le monde,
Et plus perçants quand le ciel était noir.

A vingt-cinq ans finit son existence,
Que Dieu rendit si chère aux malheureux ;
Des indigents c'était la providence :
Son dernier mot fut encore pour eux...

D'après son vœu l'on fit un monastère
De son asile où l'on trouve, aujourd'hui,
Pour l'orpheline une seconde mère,
Pour l'innocence un éternel appui !

LA PENSÉE

SUR UNE TOMBE.

LA PENSÉE

SUR UNE TOMBE.

—

O toi que j'ai plantée, et qui viens de renaître
En ce lieu dont mon cœur ne s'éloigne jamais !
Tu pares le gazon où je mourrai peut-être
Du regret de survivre à tout ce que j'aimais !...

Quand je traîne plus loin la douleur qui m'oppresse,
Quand je songe, là-bas, au tombeau que voilà,
Toi, du moins, belle fleur, tu prouves ma tendresse
En disant à chacun que ma pensée est là !...

LE MALHEUREUX

SE PLAIGNANT A SON AUTEUR.

APOLOGUE.

LE MALHEUREUX SE PLAIGNANT A SON AUTEUR.

APOLOGUE.

—

Pour armer ton courroux, mon seigneur et mon Dieu,
Si j'ai pu t'offenser en quel temps, en quel lieu,
  Me suis-je attiré ta colère ?
Punis-moi, mais, hélas ! dans un mois rigoureux,
Pense que mes enfants, comme moi malheureux,
  T'adressent en vain leur prière !

Que t'ont dit, que t'ont fait ces petits innocents ?
Pourquoi leur refuser ce qu'à tant de méchants
  Tu procures en abondance ?....
Une légère obole, un morceau de pain noir,
Prolongeraient leur vie et leur rendraient l'espoir,
  Ce beau talisman de l'enfance !

Quand je prie à genoux, vois-tu, dans leur palais,
Tant d'autres t'oublier, ainsi que les bienfaits
    Que tu sèmes sur leur passage?...
A ces heureux mortels tu ne veux que du bien ;
Suffit-il, ô mon Dieu ! qu'il ne manquent de rien
    Pour qu'ils te plaisent davantage ?

Vois leurs enfants jeter des gâteaux à leurs chiens,
Ils sont repus, sans doute... et sans cesse des miens
    La faim dévore les entrailles !...
Envers toi, cependant, ils ne sont point ingrats ;
Verrais-tu sans pitié leurs membres délicats
    Grelotter sur d'immondes pailles?...

Puisque tu les entends, au sein des noirs chagrins,
Réclamer au cercueil mon épouse et leur mère,
Si la mort doit aussi les priver de leur père,
Promets-moi de veiller sur mes deux orphelins !

LA VOIX DE DIEU.

Insensé !... c'est à tort que tu crois que j'oublie
Celui que j'ai sur terre éloigné du bonheur ;
Ne murmure donc pas et bois jusqu'à la lie
La coupe où j'ai versé l'amertume du cœur...
L'éternité viendra terminer ta souffrance ;
Mes fidèles enfants ne sont pas méconnus ;
Mais cesse d'accuser ton Dieu, ta Providence,
Dont les décrets divins ne te sont point connus !

Quoique mille douleurs à tes douleurs succèdent,
Souffre sans désirer les trésors d'ici-bas :
Plus malheureux que toi sont ceux qui les possèdent,
Et, tu le sais, la mort ne les respecte pas.
Le riche impie, un jour, connaîtra la misère,
Mais que l'humble indigent espère en l'avenir !...
Sur mon trône suprême, en roi des rois, en père,
Je sais récompenser aussi bien que punir !

LE CIMETIÈRE.

A UNE JEUNE PAYSANNE.

LE CIMETIÈRE.

A UNE JEUNE PAYSANNE.

—

> Respect aux morts!

Vous qui foulez l'herbe du cimetière
En babillant, plutôt que de prier,
Jeune Egérie, enfant de la chaumière,
Riez, dansez, où l'on peut oublier ;
Mais, où la mort dérobe sa présence,
N'exhalez pas vos murmures joyeux ;
Dans ce lieu saint craignez votre sentence ;
Tout vous engage à le respecter mieux.

Si vous perdiez votre mère, Egérie
O mon enfant! répondez à ceci :
Loin de rêver à son ombre chérie,
Passeriez-vous rieuse et sans souci ?...

Les pleurs sont dus aux tombeaux solitaires ;
Sous le gazon chacun dort à son tour ;
Nous sommes tous de la mort tributaires :
Pour la subir on nous donna le jour !

Reprenez donc le chemin du village ;
Fuyez, enfant, les sentiers du trépas
Et le malheur incompris à votre âge :
On pleure ici, le bonheur est là-bas...
Tout doucement effleurez la poussière ;
Allez chanter à l'ombre de vos bois,
Allez jaser ailleurs qu'au cimetière,
Où du silence il faut suivre les lois.

APRÈS UN SERMON.

A UN HONORABLE MISSIONNAIRE.

APRÈS UN SERMON.

A un honorable Missionnaire.

—

HOMMAGE RESPECTUEUX.

—

Dans la nef, au milieu d'une foule attentive,
J'écoutais l'autre jour et louais dans mon cœur
Un grand sermon suivi d'un bonheur qui n'arrive
Que lorsqu'on vient d'entendre un illustre orateur.

Ainsi que les parfums enivrants et suaves
Du calice des fleurs en silence échappés,
Les sons de votre voix et vos manières graves
Pénétraient les chrétiens d'étonnement frappés !

Semblables aux rameaux d'un arbre séculaire,
Qui du nid de l'oiseau protége l'avenir,
Incessamment vos bras, digne missionnaire,
S'étendaient sur chacun comme pour le bénir !

Tous les yeux s'attachaient sur vos traits sympathiques
En qui la foi brillait comme l'astre des jours,
Et le peuple, par vous, en des transports mystiques,
Craignait de perdre un mot de votre beau discours.

Etait-il un plaisir plus doux, plus ineffable,
Que de voir, entouré d'un calme solennel,
Le pasteur indulgent pour un troupeau coupable,
Qu'il eût voulu conduire au festin éternel?...

« Ah ! disiez-vous enfin, en termes pathétiques,
« Mes frères, envers Dieu, ne soyez plus ingrats ;
« Dans vos sombres douleurs, morales et physiques,
« Auprès de ce grand Roi, pourquoi n'allez-vous pas ?

STANCES A MON FILS.

STANCES A MON FILS.

—

Mon cher enfant, que le Ciel te préserve
De tous les maux qu'il me fait ressentir !
Si le malheur est ce qu'il te réserve,
Ah ! que, du moins, il daigne y compatir !...

Pour exciter sa vengeance suprême
Tu n'as rien dit, rien pensé, rien commis ;
Ton front est pur et ton âme est de même,
Car à ton âge, enfant, tout est permis !...

« Dans ce siècle où l'esprit, la sainte poésie,

« Sont, plus qu'en d'autres temps, compris et cultivés,

« Verrait-on se glisser la sombre apostasie

« Dans les cœurs que le Ciel avait pour lui rêvés ?... »

Voilà les doux accents que votre voix bruyante

Exhalait dans le sein d'un auditoire ému ;

En ranimant la foi dans l'âme repentante,

Vous lui donniez encore un bien-être inconnu.

Gloire à vous qui portez le pardon au coupable !

Qui promettez un prix aux vertus du chrétien !

Gloire à vous ! gloire à vous dont l'exemple admirable

Sert à nous retenir dans la route du bien !

Gloire à vous qui daignez éclairer l'ignorance !

Gloire à vous !... En causant, par vos sages avis,

Le vrai bonheur au juste, au pécheur l'espérance,

Vous rendrez des trésors au monde entier ravis !...

Refuse, enfant, ses cadeaux méprisables :
Il en offre un pour en recevoir deux ;
Et doute-toi des ruses innombrables
Qu'il connaîtra pour te surprendre mieux !...

Il m'a trop nui pour avoir mon estime ;
Plus d'une fois j'ai pu l'étudier ;
O mon enfant ! crains d'être sa victime !
Crains de savoir un jour l'apprécier !...

Il eût voulu vaincre mon caractère,
Il eût voulu changer aussi mon sang,
Quand le malheur, dans sa prompte colère,
Vint m'exiler pour jamais de mon rang * !...

Mais, Dieu merci ! les coups de l'infortune
Ne sauront point m'asservir sous ses lois,

---

* Je n'entends rappeler ici que les revers de fortune survenus dans ma propre famille.

Et si le Ciel permettait la rancune
Mon cœur aigri l'enfanterait cent fois !...

Fuis-le toujours ce gouffre où l'on ignore
Tout le bonheur au sage destiné :
Cache ta vie au monde dont j'abhorre
L'âme perfide et le cœur gangréné !

. . . .

Devrais-je, ami, faire entrer dans ta vie
Pour ton prochain un sentiment d'horreur,
Et des chagrins dont je suis poursuivie
Prévoir pour toi toute la pesanteur ?

Non, mais, vois-tu, je ne puis me défendre
D'un souvenir amer et douloureux :
Je ne dois point négliger de t'apprendre
Ce qu'il faut fuir pour toujours être heureux.

Il est pourtant, il est de grandes âmes,

Il est des pleurs répandus pour nos pleurs ;

Il est des voix qui servent de dictames

A tous les maux qui s'ouvrent dans les cœurs !

Mais nulle, hélas ! ne répond à la nôtre !...

Où donc trouver les amis ici-bas * ?

Où les trouver ?... car je sais mieux qu'une autre !

Que la vie pèse à ceux qui n'en ont pas !...

Puissé-je croire, en quittant l'existence,

Que mes avis, dans ton esprit gravés,

T'écarteront toujours de la souffrance

Et des malheurs qui m'étaient réservés !

* Il ne faut pas regarder cette strophe comme une contradiction de ma dédicace *à mes meilleurs amis :* je ne les connaissais pas quand j'ai composé ces vers pour mon enfant.

ELLE FIT BIEN.

CONTE.

ELLE FIT BIEN.

CONTE.

LE DEVOIR.

Blanche était une paysanne,
— Un vrai modèle de bonté ;
Jamais la vile courtisane
N'eut tant de cœur de son côté.
D'une fraîcheur éblouissante
Brillait son visage mignon,
Et sa pâleur intéressante
Ne pouvait démentir son nom.

Elle n'avait plus qu'un vieux père
Dont elle révérait l'appui ;
Ses regrets volaient vers sa mère,
Et sa tendresse était pour lui.
Blanche veillait sur le grand âge
De son auteur aux cheveux blancs,
Comme un sombre et léger feuillage
Protége les oiseaux naissants.

Ses soins, ses douceurs, ses caresses,
Rendaient son père plus heureux
Que si, dans le sein des richesses,
Il eût été l'égal des dieux.
C'était la fleur qui se relève,
Malgré l'hiver et ses glaçons,
Conservant encore sa sève
Pour voir grandir ses rejetons.

Un jour où, dans une prairie,

Blanche condüisait son chevreau,

Quelqu'un, avec galanterie,

A sa vue ôta son chapeau :

C'était le seigneur du village,

— Ennuyé des plaisirs bruyants,

Que, dans un pompeux équipage,

Ses valets ramenaient aux champs.

Il fit arrêter sa voiture

Pour rendre hommage à la beauté,

Car, outre sa bonne nature,

Blanche était une *rareté ;*

On s'extasiait devant elle ;

Des roses prêtes à fleurir

Elle se savait la plus belle

Sans jamais s'en enorgueillir.

L'ÉPREUVE.

— « Voulez-vous être grande dame ? »
Lui dit poliment le seigneur.
— « Non, répondit-elle, à mon âme
Il en coûterait trop, monsieur.
Simple dans mes goûts, je préfère,
Entre mon père et mon chevreau,
Le calme au fond de ma chaumière
Au souci dans votre château. »

— « Cependant l'existence est belle
Quand on l'use au sein des grandeurs ;
Il n'est point de joie avec elle
Sans la fortune et ses faveurs.

Suivez-moi donc, aimable fille,

Suivez-moi, ne redoutez rien ;

Bientôt de ma noble famille

Vous serez l'orgueil et le mien.

Acceptez, je vous en conjure,

Ma main, tous mes biens et mon cœur ;

Votre naissance fut obscure,

Et vous ignorez le bonheur ;

Mais au sein d'une cour brillante

Venez faire mille jaloux,

Car des femmes la plus charmante

Ne peut être une autre que vous. »

— « S'il est bien vrai que votre envie

Soit de me conduire à l'autel,

Souffrez que je cache ma vie

Jusqu'à ce moment solennel...

Auprès de vous que l'on jalouse,

Les plaisirs, les fêtes, les jeux,

Sans l'honneur d'être votre épouse

Manqueraient de charme à mes yeux. »

LA RÉCOMPENSE.

Cette réponse juste et sage

Comme un coup sembla le frapper ;

Il redoutait le mariage,

Et ne songeait qu'à la tromper.

Longtemps il se fit la promesse

D'exécuter ses plans conçus ;

Il employa beaucoup d'adresse,

Mais il n'obtint que des refus.

Par un sentiment d'arrogance,

Le dépit dans son cœur passa,

Et, pour vaincre sa résistance,

Las d'espérer, il l'épousa :

Mais si Blanche, en fille volage,

Eut d'abord quitté son vallon,

Elle n'aurait pas l'avantage

D'être la femme d'un baron.

MORALE.

Femme aux attraits que l'on envie,

A vos pieds l'amant pleure, hélas !

Il parle d'abréger sa vie,

Mais au moins ne l'écoutez pas.

Redoutez peu qu'il vous désole

Par ses gestes ou ses discours :

Il faut qu'il remplisse son rôle,

— Rôle dramatique toujours. —

A genoux, l'amant prie, implore,

Il exhale d'ardents soupirs,

Mais son amitié s'évapore

Dès qu'on a comblé ses désirs.

LE NID D'OISEAU.

LE NID D'OISEAU.

***
* *

Dans un bois dont la solitude
Attirait les petits oiseaux,
Le printemps, comme à l'habitude,
Rendait les feuilles aux rameaux.
Sa rosée utile à la terre
Purifiait tout en ce lieu,
Comme d'un repentir sincère
Les pleurs rendent notre âme à Dieu.

✳

Près d'un hêtre où l'épine blanche
Versait une suave odeur,
Sur le bout d'une faible branche
L'amour avait mis le bonheur :
Un nid protégé par l'ombrage
S'y balançait vers le chemin,
Et quatre petits sans plumage
Dormaient dans leur berceau de crin.

✳

Tandis qu'à l'ombre du mystère
Ils reposaient insouciants,
Pour les nourrir, leur tendre mère
Activement glanait aux champs ;
Mais quand, fidèle à sa couvée,
Elle fut de retour au bois,
Sa richesse était enlevée
Et toute sa joie à la fois.

★★★

Un enfant à friponne mine,
Aux yeux d'azur, aux cheveux d'or,
En cueillant un rameau d'épine
Avait découvert le trésor ;
Puis, enviant à la nature
Des chantres encore nouveaux,
L'enfant glissé dans la ramure
S'empara du nid plein d'oiseaux.

★
★ ★

La mère d'une voix piteuse
Appelant ses petits en vain,
Au bois qui l'avait vue heureuse
Mourut de douleur et de faim.
Que nous causons de tristes choses !
Et vous, trop barbares enfants,
Pourquoi ravir au mois des roses
Ce qui peut charmer vos instants ?

* *
*

Pourquoi donc laisser la tristesse
Où tout respirait le bonheur ?
Existe-t-il trop d'allégresse ?
N'est-il point assez de malheur ?...
Sachez, puisqu'il faut vous le dire,
Que Dieu saura punir un jour
Celui qui se plaît à détruire
Les fruits d'un innocent amour.

* *
*

Laissez les petits à leur mère,
Laissez la mère à ses enfants ;
Qu'ils s'aiment en paix ! Dieu préfère
L'amour chaste au plus pur encens.
L'amour, c'est l'astre qui console,
C'est la beauté dans les grands cœurs :
Sans lui la jeunesse s'envole
Triste comme un printemps sans fleurs !

LE TALISMAN DE L'AME.

A M. le comte de N...

LE TALISMAN DE L'AME.

A M. LE COMTE DE N...

> Le talisman de l'âme est une émanation
> de la Divinité.

Tel un coursier fougueux, l'homme a besoin d'un guide,
L'insecte a besoin d'air et la fleur de soleil ;
Pour ramener vers nous l'hirondelle timide,
Le printemps a besoin de sortir du sommeil.

Dans sa prison le cœur a besoin d'espérance ;
Le regard du poète a besoin d'un ciel bleu ;
La pudeur a souvent besoin de résistance...
Le coupable a besoin de la bonté de Dieu.

L'âme aussi, ce reflet de la vie éternelle,
A besoin, ici-bas, pour ne point s'égarer,
Du pouvoir merveilleux d'un talisman fidèle,
Qui dans les lieux obscurs se plaît à l'éclairer.

Le talisman de l'âme est son intelligence,
Avec l'intelligence on s'épargne des pleurs,
C'est pourquoi l'Eternel, par sa munificence,
Nous en fit le présent pour diriger nos cœurs.

L'âme a son gouvernail, ainsi que le navire ;
Oh ! qu'elle use toujours de ce gage des Cieux !
L'intelligence luit quand il faut la conduire :
Mais à quoi sert le jour si nous fermons les yeux ?...

SUZANNE.

A Madame Isabine d'O...

SUZANNE.

A MADAME ISABINE D'O...

Quand l'hiver de la vie et les douleurs de l'âme
Ont sillonné le front d'un esclave du sort,
De ses jours éprouvés il aime encor la trame,
Et craint de pénétrer dans l'ombre de la mort.
Après un doux sommeil il redit sa prière ;
Vers l'horizon lointain il reporte ses yeux,
Et contemple ravi les rayons de lumière
Que Dieu fait rejaillir de la robe des Cieux.

Il soupire à l'aspect d'un jeune et frais visage
Que les ans de leur aile oseront effleurer,
Et cherche en vain des yeux que l'humain esclavage,
N'a pas, sur nos destins, encore fait pleurer !

    Elle était bonne et gracieuse,
    Elle était belle, aimable aussi,
    Et, comme une enfant trop heureuse,
    Suzanne vivait sans souci.
    Pourtant la fortune frivole
    Qui plaît, éblouit et console,
    Par son attrait fascinateur,
    La fortune brillait loin d'elle :
    Mais la richesse la plus belle
    Ne vaut pas celle du bonheur.

    En court jupon, rouge corsage,
    Suzanne, à l'aube de son âge,
    Dirigeait seule une maison.

Une fleur était sa parure

Et l'espérance son armure,

— Un bon vieillard son compagnon.

Du pain gris comme la poussière,

De l'eau puisée à la rivière,

Etaient ce dont elle vivait ;

Pour nous une telle existence

Eût été faire pénitence,

Mais Suzanne s'en contentait.

Afin de jouir de la vie,

Il faut s'écarter de l'envie,

Il faut se contenter d'un rien ;

Il faut prendre ce que Dieu donne,

Sans lui demander de personne

Le rang, le mérite ou le bien.

Il faudrait fuir l'affreux scandale
Qui blesse les yeux tous les jours,
Et faire comme la cigale,
Chanter beaucoup, chanter toujours !
Chanter Dieu, chanter son ouvrage,
Et, dans ses chants pieux et beaux,
Chacun puiserait le courage,
Ce grand vainqueur de tant de maux !..
Mais la raison, si peu féconde,
Ne guide pas l'esprit du monde
Assez pour qu'il devienne heureux ;
L'ambition et le caprice
Lui font éprouver un supplice
Inévitable et rigoureux.
Il est rongé par la souffrance,
Mais s'il avait plus de croyance,
Le Ciel briserait sa douleur :
Plus on va, plus on se lamente ;
Sans le vouloir, on suit la pente
Qui mène à l'antre du malheur !...

Prenons le sentier de Suzanne,
Qui, simple et chaste paysanne,
Paraissait bénir son destin ;
Qui, dans sa modeste chaumière,
Au sein flétri de la misère,
Vivait gaîment soir et matin.
Comme un oiseau né dans sa cage,
Elle ignorait dans son ménage
Qu'on pouvait être mieux ailleurs ;
De sa vie, hélas ! le mystère
N'avait jamais dans sa paupière
Jeté la semence des pleurs !...

Dans un castel, au sein de l'abondance,
En Italie, elle reçut le jour ;
Suzanne dut son sort et la naissance
A l'héritier d'un puissant de la cour ;

Elle eut pour mère une humble jeune fille,
Rose des champs, trésor d'un jardinier,
Qui, pour de l'or, avait fui sa famille,
Avait vendu son charme printanier ;
Avait quitté ses bois, leur frais ombrage,
Son ciel natal et son toit protecteur,
Tout oublié, tout — jusqu'à son village
Et son devoir pour suivre un séducteur !
Mais le remords dont la voix toujours gronde
Au fond du cœur où la vertu n'est pas,
La fit tomber sous la faux du Trépas
Quand elle mit Suzanne au monde !

. . . .

En chancelant sous le poids des erreurs,
Quoi ! l'on consent à quitter l'existence !
Quoi ! la vertu, la sublime innocence,
N'ont point pour tous d'ineffables douceurs !

Quoi ! dans une âme intelligente et haute
Germent de coupables penchants,
Comme souvent d'une légère faute,
Naissent des torts avilissants !

Délaissée un jour par son père,
Au bord d'un précipice affreux,
Suzanne, pauvre enfant sans mère,
Brisa le cœur d'un malheureux.

C'était un homme usé par l'âge,
Que l'on trouvait pendant la nuit
Les pieds nus sur le froid rivage,
Pour prendre les poissons au lit.

Il eut pitié de l'orpheline,
Agée à peine d'un printemps,
Et de l'arbrisseau sans racine
Il fit l'espoir de ses vieux ans !

Plus tard, dans son humble cabane,
On voyait régner le bonheur,
Grâce à la charmante Suzanne,
Dernier bien du pauvre pêcheur !

Tel un arbre abattu par la chute soudaine
    De la foudre dans son courroux,
La mort qui pour chacun est toujours trop prochaine
    Renversa quelqu'un sous ses coups !...

C'était le vieux pêcheur (au trépas tout arrive) ;
    Il laissait à prier pour lui
Un ange de candeur, son enfant adoptive,
    Qui restait alors sans appui !

Mais Dieu, jetant sur elle un regard tutélaire,
    L'honora d'un secours divin :
Quand la fortune élève, ah ! pourrait-on mieux faire
    Que de protéger l'orphelin ?...

Non, mais l'humanité, ce sentiment si rare,

  Règne plus aux Cieux qu'ici-bas :

De sa compassion sur terre on est avare,

  Ou plutôt l'homme n'en a pas !...

   Un soir d'hiver, dans son asile,

   Devant son paisible foyer,

   Suzanne se chauffait tranquille,

   En le regardant flamboyer.

   Après une sainte lecture

   D'un livre abîmé par les ans,

   Elle songeait que la froidure

   Allait causer mille tourments :

   « Pourquoi, disait l'enfant bien née,

   « Pourquoi, dans ces jours rigoureux,

   « Ne suis-je pas plus fortunée

   « Pour secourir les malheureux ?... »

Alors — interrompant son rêve —
Un grand bruit fait battre son cœur ;
On frappe... Suzanne se lève
Et vole ouvrir, malgré la peur.

Un cocher descend de voiture,
Et d'un air grave lui remet
Un mot dont elle prit lecture,
Sans croire à ce qu'il renfermait.

Mais l'envoyé la persuade
Qu'elle était une noble enfant,
Et que son père bien malade,
Voulait la revoir à l'instant.

Ce père autrefois si barbare,
Pour l'autre monde allait partir,
Et de sa conduite bizarre
Il endurait le repentir.

Par le hasard en apparence,

Il savait Suzanne en ces lieux ;

Il savait que la Providence

Aimait à la suivre des yeux.

Elle ordonnait que l'orpheline

De la cabane du pêcheur

Quittât sa modeste chaumine

Pour le château d'un grand seigneur.

Suzanne se mit en voyage

Sans le moindre préparatif,

Et sortit de son cher village

En pleurant son père adoptif.

Quand elle entra dans la demeure

Où son père attendait la mort,

Minuit sonna, — minuit, c'est l'heure

Où chaque jour arrive au port.

Sans remarquer l'ordre sévère
Du château garni de brocard,
A l'appartement de son père
Elle se rendit sans retard.

Il était au moment suprême
Où l'âme va quitter le corps,
Où l'homme descend en lui-même
Pour maudire et compter ses torts...

Bientôt vers sa fille attendrie
Il tourna son regard mourant
Et murmura : « Ma fille, prie
« Pour ton père au dernier instant !...

« Je t'ai trop longtemps méconnue,
« Mais le Ciel a fléchi mon cœur ;
« Et je sens qu'ici ta venue
« Me rendra le trépas meilleur !

« Crains, mon enfant, le vice immonde,
« Cet abîme où j'ai descendu,
« Et sache t'éloigner du monde :
« Ce n'est que lui qui m'a perdu !...

« Viens ! que sur mon sein je te presse...
« Oh ! viens m'empêcher de frémir !...
« Viens recevoir une caresse,
« Car je vais, hélas ! m'endormir.

« Je te laisse un trésor immense
« Pour faire du bien ici-bas :
« Puisse la timide indigence
« Bénir la trace de tes pas !

« Adieu ! c'en est fait, je succombe...
« Je succombe rempli d'effroi...
« D'ici je vois s'ouvrir la tombe :
« Je meurs !... Implore Dieu pour moi !... »

En fermant les yeux de son père,

Suzanne dit : « En vérité,

« Pour me rendre utile, sur terre,

« Je serai sœur de charité ! »

RUPTURE.

A M.***.

RUPTURE.

A M ***.

Dédaigneux d'imiter un Dieu juste et clément,
Vous craignez d'oublier la faute d'un moment,
Un seul mot pris par vous pour une grave injure,
Et dont le souvenir fit naître une rupture :
Qu'elle soit éternelle ! à présent je le veux,
Puisque nulle raison n'est valable à vos yeux.
J'ai fait, vous le savez, tout ce que j'ai pu faire
Pour rétablir la paix où commençait la guerre :
Vain espoir ! vains efforts !... Malheur à l'inhumain
Qui fuit son offenseur quand il lui tend la main !
N'offensa-t-il jamais, lui dont l'orgueil extrême
Excite à chaque instant la colère suprême ?

N'a-t-il en aucuns jours renfermé dans son cœur
Les soupirs du remords et le poids d'une erreur ?...
Est-il un seul feuillet dans l'album de sa vie
Qui montre du devoir la loi toujours suivie ?...

Quoique je porte un cœur aussi haut que le temps,
Quand je manque à quelqu'un, monsieur, je m'en repens,
Et, pour me délivrer de votre antipathie,
J'ai reconnu mon tort, je me suis démentie.
Quoi ! ce n'est point assez !... Faudrait-il qu'à genoux
J'implorasse aujourd'hui le pardon devant vous ?...
Oh ! non, car je suis femme, et qui *femme* se nomme,
Ne doit jamais tomber *vivante* aux pieds d'un homme !

LE PÊCHEUR.

A MADAME ***.

LE PÊCHEUR.

A MADAME ***.

Si, vous voyant heureux au sein de la richesse,
Il venait humblement vous demander du pain,
Ne le repoussez pas, soulagez sa détresse,
Et montrez un bon cœur en lui pressant la main.
Sachez qu'une tempête imprévue, effrayante,
A brisé ses filets ainsi que son espoir;
Secourir du malheur la victime innocente,
   C'est faire son devoir.

Vous qui pour les bijoux, le bal et la toilette,
Sans le moindre regret, prodiguez votre argent,
Qui pour voir le scandale atteignez la lorgnette,
Tournez-vous quelquefois vers l'obscur indigent...

Soulagez, soulagez le pauvre prolétaire
Privé d'un gagne-pain pour ses enfants chéris,
Et ne jetez jamais sur ce malheureux père
    Un regard de mépris.

L'aumône est un bienfait quand la pitié la donne,
Et la pitié révèle un cœur compatissant ;
Donner au paria que l'aisance abandonne,
C'est obéir aux lois d'un louable penchant.
Craignez de vous servir d'une expression dure
Pour celui que la faim conduirait sur vos pas,
Et portez sans rougir, portez la nourriture
    A ceux qui n'en ont pas !

A MON CŒUR.

A MON CŒUR.

> Point d'année sans hiver, point de crime sans châtiment, point de vertu sans récompense, point de cœur sans affliction !...
> Mme CÉLÉNIE D...

Résigne-toi, mon cœur, au milieu des combats ;
Tu souffres, je le sens, mais qui ne souffre pas ?...
On goûte le plaisir, on sourit à ses charmes,
Mais non sans pressentir d'indicibles alarmes.
Le bonheur possédé presque aussitôt se perd !...
Où rencontrer celui qui n'a jamais souffert ?...
Quel ciel est toujours beau ? quelle chair est sans veines ?
Quels yeux n'ont point de pleurs et quelle âme est sans peines ?..

Souvent, pour adoucir tes tristesses écloses,
L'espoir dans tes replis a fait naître des roses :
Mais, comme le rosier, tous les chemins du cœur
Doivent souffrir l'épine aussi bien que la fleur ;
Des supplices humains dérive la première,
Et dans l'illusion je place la dernière :
L'illusion ! déesse au souris gracieux,
Qui rendrait la misère agréable à nos yeux,
Qui s'attachait à toi, comme au nid l'hirondelle,
Et que tu chérissais parce qu'elle était belle ;
Qui ne te poursuivait que pour te fasciner,
Et qui ne t'a séduit que pour t'abandonner !...
Crains à jamais l'aspect de sa trompeuse image,
Et, comme un pèlerin au terme du voyage,
Pour mériter la grâce et pour la recueillir,
Supporte encor les maux qui te font défaillir !
Songe que les douleurs ont toutes leurs dictames,
Et montre ta blessure au Médecin des âmes,
Alors, dans un langage inspiré par la foi,
Dis-lui : « Je suis malade, ô Dieu, guérissez-moi ! »

Jamais, quand du destin le fardeau fut pénible,
Tu n'imploras en vain ce Dieu bon et sensible ;
Il entendait hier, il entend aujourd'hui,
Il entendra toujours ce qui s'adresse à lui.
A travers l'horizon, je vois sa main féconde
Répandre des bienfaits dans le désert du monde,
Des baumes sur les maux que ce Roi généreux
N'impose à ses enfants que pour les rendre heureux !

      Dans ton labyrinthe,
      O mon pauvre cœur !
      Exhale ta plainte,
      Ton cri de douleur...
      Quand tous, sur la terre,
      Sont sourds à ta voix,
      Dieu, ce tendre père,
      Allége ta croix.

Je prie, il m'écoute ;

Je pleure, il me voit,

Et me plaint, sans doute,

Car il me conçoit ;

Je l'adore, il m'aime

D'un amour profond ;

Je récolte, il sème ;

J'appelle, il répond.

Si la foi demeure

Encore avec toi.

Quand la dernière heure

Sonnera pour moi,

D'un bonheur durable

Attend le trésor,

Serais-tu coupable

Et coupable encor !

Lorsque la tristesse

Unie aux douleurs,

Lasse la faiblesse

Des pauvres pécheurs,

Dieu, c'est une source

D'où vient leur secours,

— Dieu, c'est la ressource

Qui reste toujours !

A l'enfant sans père,

Qui donne du pain ?

Qui de la misère

Va presser la main ?

Qui dans la nature

Met les arbrisseaux,

Et la nourriture

Des petis oiseaux ?

Qui donc rend fertile
Les champs et la fleur ?
Qui rend tout utile,
Tout, jusqu'au malheur ?...
Qui, pour nous conduire,
Règne en chaque lieu ?
Qui dans tout respire;
Qui ? — C'est le bon Dieu !

※

Foyer dont ma vie est la flamme,
Triste jouet d'un sort moqueur,
O toi qui reçus de mon âme
Sentiment, pensée et chaleur !

Pourquoi trembler lorsque l'orage
Sur ma tête gronde et s'abat ?
Pourquoi laisses-tu le courage
T'abandonner comme un ingrat ?...

Pourquoi cette haine secrète,
Ah ! dis pourquoi tant de mépris,
Quand mon regard, ton interprète,
Parle et ne peut être compris?

N'aurais-tu pas la certitude
Que le monde est dénaturé,
Et qu'ici bas l'ingratitude
Est le sentiment préféré ?

On s'éloigne de l'infortune ;
Tout ce qui l'insulte est permis :
Sa plainte est toujours importune,
Car le malheur n'a point d'amis!...

Jamais, hélas ! celui qui pleure
Chez les heureux n'est attendu;
Il souffre, il gémit à toute heure,
Il crie et n'est point entendu!

Je vois, là-bas, dans une fête
Ceux qu'il aima se réjouir,
Quand sous les coups de la tempête
Il tombe et peut s'évanouir !...

Devant ces images précises,
Mille jaloux, mille tyrans,
Sont gais aussi quand tu te brises :
De ton malheur ils sont contents !

Mais qu'ils tremblent !... Ton sort les mène,
Car aujourd'hui, mon pauvre cœur,
A ton tour d'endurer la peine,
A ton tour — à demain le leur !

***

Sans cesse élève-toi vers cet être sublime,
Vers ce jour éternel d'où sont sortis mes jours !
Montre qu'en sa bonté ta croyance s'anime,
En souffrant pour sa gloire et le priant toujours.

Vole vers le Seigneur, ce Dieu plein de clémence
Qui demeure au-delà de l'horizon vermeil,
Vers cet astre sans fin, vers cette Providence
Dont l'éclat ternirait le disque du soleil !

Que du Maître absolu par qui j'aime et j'existe,
Le nom serve de baume à tes afflictions,
Et de ce divin Roi, qu'à chaque heure on irrite,
Tu recevras bientôt les consolations.
Ne place qu'en lui seul la force nécessaire
Pour combattre le flot des malheurs à venir,
Et place ton amour dans la foi qui m'éclaire
Pour diriger ta vie et pour la bien finir !

AVANT, PENDANT, APRÈS.

A. M.***.

AVANT, PENDANT, APRÈS.

A M. ***.

AVANT L'ORAGE.

Avant, — vous me disiez : « Voici venir l'orage ;
« Des nuages épais s'amoncellent là-bas ;
« Le fougueux aquilon secoue aussi l'ombrage...
  « Retournons sur nos pas.

« Le tonnerre irrité menace notre tête,
« Et plus loin les autans déchaînent leurs fureurs ;
« Le vacarme effrayant d'une grande tempête
  « Gêne les voyageurs.

« Déjà, dans nos cheveux un vent frais se faufile ;

« Les feuilles en tremblant semblent s'interroger ;

« Que n'avons-nous au moins, en quittant notre asile,

« Pressenti le danger ! »

PENDANT L'ORAGE.

Pendant, — tout bas aux Cieux j'adressai la prière

Que ma mère m'apprit à mon second printemps,

Et sous l'agreste toit d'une vieille chaumière

Nous regardions le temps.

Deux joyeux villageois et leur petite fille

Ensemble partageaient un modeste repas ;

J'aimais à contempler cette heureuse famille

Qui nous ouvrait les bras,

Qui nous avait offert sa paisible retraite

Et son dîner frugal auquel nous prîmes part ;

Qui nous suivit des yeux devant sa maisonnette,

A l'heure du départ.

APRÈS L'ORAGE.

Après, — le ciel reprit sa parure azurée ;
L'oiseau plus vigoureux s'élevait dans les airs,
Et l'astre aimé des nuits à la face dorée
    Succédait aux éclairs.

La brise en prodiguant ses plus douces caresses
Au blé, — trésor de l'homme et qui doit le nourrir, —
Fortifiait ses fruits, ses grains rangés en tresses
    Avant que de mûrir.

Ah ! que les souvenirs vous ramènent encore
A ces instants mêlés de trouble et de bonheur,
Dans l'ombre du passé, quand l'ennui me dévore,
    Je reporte mon cœur !

MON PÈRE.

A MES BONNES TANTES, Mme QUATRHOMME ET Mlle HÉLOISE LAILLER.

MON PÈRE.

A mes bonnes tantes, Mme Quatrhomme et Mlle Héloïse Laillèr.

Ce bien que je tenais de la bonté des Cieux,
Qui rendit tant de fois mes heures fortunées,
C'était le tendre appui de mes jeunes années,
    C'était le bonheur à mes yeux.

Rien, hélas! dans mon cœur ne remplace mon père;
Ses conseils de ma plume ont guidé les essais :
C'était mon avenir comme je le voulais
    Avec l'amour pur de ma mère.

C'était la source aimée où j'ai puisé mes jours ;
Dans mon ciel, maintenant, nulle clarté ne brille...
Reviens encor, mon père, où tu quittas ta fille...
    Oh ! reviens... Je t'attends toujours !...

Tout semble, à mes côtés, souffrir de ton absence !
Incomparable ami que j'envie au Seigneur !
Quand tu baisais mon front, étrangère au malheur,
    Je souriais à l'existence !

Privé de ton soutien, ton fragile arbrisseau
Voit la douce espérance à son âme ravie...
Pourquoi m'as-tu laissée au sentier de la vie,
    Toi qui pris celui du tombeau ?...

Sans doute qu'un trésor immense, impérissable,
Est le gage qu'aux Cieux on réservait pour toi ;
Mais dans le sein de Dieu, pense toujours à moi,
    Dont la peine est inguérissable !

Ah ! si le Roi suprême ordonna ton trépas,

C'était pour te ravir à l'humaine souffrance,

C'est qu'il ne trouvait point pour toi de récompense,

De palme assez belle ici-bas !...

Implacable destin, frappe dans ta colère,

Frappe encor sans frémir une orpheline en pleurs,

Mais ne me ravit pas, dans mes justes douleurs,

Le doux souvenir de mon père !...

TOUJOURS BELLE.

TOUJOURS BELLE.

⁎⁎⁎

C'est pour finir que tout commence ;
C'est pour mourir que nous vivons,
L'espoir, la joie et la souffrance
Passeront comme nous passons.

⁎⁎⁎

Tout dans le néant se replonge ;
Tout s'enfuit comme le bonheur ;
Tout se dissipe comme un songe,
Tout se fane comme une fleur.

*
* *

Tout disparaît comme l'étoile
Qui prend naissance dans les cieux ;
Sur tout la mort étend son voile ;
Tout s'éteindra comme nos yeux.

*
* *

La femme aussi, mon Dieu, la femme
N'est belle qu'avant son été,
Pourtant il existe une dame
Dont rien n'altère la beauté.

*
* *

Elle habite un palais superbe
Qui se trouve au-dessus des monts,
Et dont l'éclat retombe en gerbe
Dans tous les lieux, sur tous les fronts.

⁂

Le temps s'écoule comme l'onde ;
Les siècles marchent à grands pas ;
Comme un habit s'use le monde,
Et la dame ne change pas.

⁂

L'aurore naît, brille, s'efface ;
Dans le passé tombent nos jours ;
Le Ciel parfois change de face,
Mais la dame est belle toujours.

⁂

Jamais les injures de l'âge,
Ni les outrages du destin,
Ne terniront le doux visage
De Celle qui nous tend la main,

⁂

De Celle par qui Dieu pardonne
Tous les blasphêmes d'ici-bas,
De cette Vierge qui couronne
Ceux qui se jettent dans ses bras.

⁂

Aimons-la, cette tendre mère,
Et que, dans un pieux transport,
— A la fin d'une humble prière,
Chacun dise jusqu'à la mort :

⁂

O Marie ! ô Vierge fidèle !
Si l'on place aussi la beauté
Dans l'indulgence et la bonté,
Votre vrai nom est : TOUJOURS BELLE !

PROMENADE NOCTURNE.

A M. Evariste de C...

PROMENADE NOCTURNE.

A M. Evariste de C...

—

Quand le voile des nuits tombe dans la nature,
      On me trouve souvent
Près d'un lac diaphane écoutant le murmure
      Que lui souffle le vent.
Mes yeux voudraient percer cette vapeur bleuâtre,
      — Poétique tableau ! —
Qui s'étend tous les soirs, sur l'Océan folâtre,
      Pour lui faire un manteau.

L'horizon devant moi, le feu dans la pensée,

— L'émotion au cœur, —

Je m'assieds le front triste et l'âme caressée

Par l'ange inspirateur ;

La chouette gémit, la grenouille coasse

Sur le bord du ruisseau,

Et lorsqu'un bruit de pas tout à coup l'embarrasse,

Elle rentre dans l'eau.

La lune dans les cieux se promène pensive

Et paraît s'affliger,

Ainsi qu'un malheureux jeté sur une rive

En pays étranger ;

Et moi — comme la fleur éclose de la veille —

Je sens déjà la mort...

Et j'attends sous l'ombrage où le héron sommeille

Les ordres de mon sort !

Je contemple et je rêve à l'ombre des grands saules

   Penchés sur leur miroir ;

Mes cheveux déroulés protègent mes épaules

   Contre le froid du soir.

Dieu reçoit ma prière en notes cadencées,

   La verdure mes pleurs ;

Mon souvenir redit mes chimères passées

   Et l'écho mes douleurs.

Là, quand j'use le temps que le bon Dieu me donne,

   Loin des regards jaloux,

J'exhale mes soupirs, je prie et je griffonne.

   Ah ! c'est que, voyez-vous,

J'eus des déceptions, j'eus le malheur pour guide,

   Et je rencontre, hélas !

Le traître, le jaloux, l'insolent, le perfide,

   Et surtout des ingrats !...

        8.

Combien de cœurs de fer, de serments sur le sable !...

  Que l'égoïsme est grand !...

J'ai cherché d'un ami la pitié secourable,

  Le regard consolant ;

Alors des ennemis en proie à la colère,

  Ont causé ma douleur...

Mais que Dieu me console et leur donne sur terre

  Un siècle de bonheur !

Ce qui dorénavant peut prolonger ma vie,

  Peut me la faire aimer,

Ce qui loin des trésors du bonheur que j'envie

  Saura m'accoutumer,

C'est l'aspect du rivage entouré de verdure

  Et triste apparemment,

Où je vais quand le ciel reprend sa robe obscure,

  Oublier mon tourment !...

L'ABEILLE & LA FLEUR.

FABLE.

L'ABEILLE & LA FLEUR.

FABLE.

—

La Fleur, d'une voix langoureuse,
A l'Abeille disait un jour :
— « Mon Dieu ! que je suis malheureuse !
Que je souffre dans ce séjour !
Lorsque, grâce aux pleurs de l'Aurore,
J'ouvre mon sein avec bonheur,
L'air par degrés me décolore,
Et toi, tu me manges le cœur !...

Aujourd'hui si Dieu me dérobe

A tes regards, hélas ! demain,

Tu viendras déchirer ma robe,

Pour parer ton noir souterrain !

Quand je te donne mon essence,

Loin d'exciter un peu d'égard,

J'endure, pour ma récompense,

Les funestes coups de ton dard !...

Cependant souvent je me flatte

De t'obliger plus qu'on ne croit ;

Et songes-tu qu'il faut, ingrate,

Rendre le bien que l'on reçoit ?... »

— « Tu ne veux que charmer, tu ne veux qu'être aimable ;

Mais apprends, dit l'Abeille, en caressant la Fleur,

Qu'on préfère toujours l'utile à l'agréable,

Et que l'homme a besoin des trésors de ton cœur.

Pour lui seul, nuit et jour, dans mon obscur repaire,
Je prépare le miel ; car on n'ignore pas
Que du suc que j'extrais de ton pur sanctuaire,
  Je ne fis jamais un repas.

Tu m'obliges, dis-tu ; sans peine, je l'avoue,
  Mais à ces mots je ne puis t'applaudir,
Et de parler ainsi nul, je crois, ne te loue,
Car on perd son mérite en voulant l'agrandir.

  Ne crains pas de rendre service
A celui que le Ciel élève plus que toi,
  Et songe, malgré ton supplice,
  Que sur la terre l'homme est roi.

  Belle Fleur, je te le déclare,
  (Pardonne-moi cette raison) :
  Tu serais, je crois, moins avare,
  Si ton miel était un poison ! »

Du vice la source est féconde,

On le propage sans regret ;

Mais, comme la Fleur, que de monde

Reproche le bien qu'il a fait !

SAINT FRANÇOIS DE SALES.

A ma tante, Mme Lailler, née de Fréville, de la Haye.

SAINT FRANÇOIS DE SALES*.

A ma tante, Mme Lailler, née de Fréville, de la Haye.

—

Ainsi qu'aux champs poudreux il faut de la culture **,
Pour trouver dans leur sein la douce nourriture,
Dont les hommes, pour vivre, ont besoin tous les jours,
Il faudrait à chacun, encore en son enfance,
Un bon modèle à suivre, une autre Providence
      Qui le guidât toujours !

---

* Saint François de Sales, Evêque et prince de Genève, naquit le 21 août 1567, et mourut le 23 décembre 1622, dans sa 56e année d'âge et la 20e de son épiscopat.

** Cette poésie a été lue, le 27 janvier 1861, en séance extraordinaire du *Cercle de Saint-François-de-Sales*, à Rouen.

Ce qui fait d'un enfant un guerrier plein de zèle,

L'honneur de sa famille et le chrétien fidèle,

Ce qui fait de ses jours la joie ou le malheur,

C'est de la vie, hélas! le côté qu'il préfère,

C'est l'exemple donné, c'est le pli que sa mère

    A fait prendre à son cœur!...

Des leçons d'une mère estimable et pieuse,

Le Saint qu'avec bonheur je rappelle aujourd'hui

N'aurait pas profité dans sa jeunesse heureuse,

L'avenir eût sans doute été moins beau pour lui.

Enfant prématuré, malade, à l'agonie,

Représentons-le-nous sur le sein maternel,

Affrontant de la mort la sombre tyrannie...

Mais toujours à l'abri du bras de l'Eternel!

Ainsi que des épis on voit la blonde tête

Sans se rompre lutter contre les coups du vent,

Après avoir des maux combattu la tempête,

Il grandit en courage, en sagesse, en talent.

Dès que son premier pas put s'imprimer sur terre,
Saint François le marqua par un élan du cœur :
Dans le réduit du pauvre, introduit par sa mère,
Il fit don de sa bourse à la main du malheur...
Ses riches vêtements, son pain, ses friandises,
Consolèrent bientôt les enfants orphelins ;
La moitié de son or fut l'appui des églises,
Le reste lui servit à guérir les chagrins...
Tant d'actes généreux, au début de sa vie,
Présageaient le destin que lui gardait le Ciel ;
Qui se défendrait mieux du monstre de l'envie
Dans les tristes sentiers de cet exil mortel ?...

A l'âge où par le monde un jeune homme s'égare,
Où l'âme s'empoisonne à ses attraits brillants,
Cet apôtre, doué d'une vertu si rare,
Au service de Dieu consacrait ses instants.
Tandis que le pervers fuyait l'humble indigence,
Le Saint priait pour elle et volait l'adoucir,
Au lieu de fatiguer sa paisible existence
Dans le cercle folâtre où nage le plaisir...

Son oreille attentive au cri de la détresse

Ne se préta jamais aux conseils dangereux,

Et, sans la condamner, il plaignait la jeunesse,

De trop aimer la terre et d'oublier les cieux !

« Ah ! disait-il souvent à ses amis d'enfance,

« Le printemps et ses fleurs ne durent pas toujours :

« Nul de l'âge présent n'ignore l'inconstance :

« Et le sombre avenir a des instants bien courts...

« Nous déclinons sans cesse... eh ! qu'appelle-t-on vivre?...

« A peine au monde, hélas ! l'innocent au berceau,

« Qui de rêves dorés se repaît et s'enivre,

« Joyeux, descend déjà les degrés du tombeau !...

« La gaîté, pensez-y, rapidement s'efface ;

« Sur terre après la joie arrive le chagrin,

« Car le bonheur n'est pas où l'infortune passe,

« Où tout finit le soir de son premier matin !...

« Pour regagner le Ciel, à l'exemple du sage,

« Ne chancelez jamais au sentier du devoir,

« Et si la vie humaine est un dur esclavage,

« De l'amoindrir, amis, vous avez le pouvoir:

« D'innombrables bienfaits ornez ce globe immonde,

« Portez l'espoir où naît la désolation,

« Et ne prodiguez plus aux vanités du monde

« Des moments destinés à l'expiation!...

« Qu'à jamais vers le bien votre âme vous attire,

« Accordez à chacun un peu de votre amour :

« Voilà le vrai secret d'être heureux sans maudire

« L'instant qui vous vit naître et votre dernier jour! »

Retenons ces avis de *Saint François de Sales*,
Ce vertueux prélat et sublime orateur;
Evitons, comme lui, le tableau des scandales
Qui n'est offert aux yeux que pour perdre le cœur...
Gardons le souvenir de l'apôtre fidèle
Dont la vie exemplaire obtint un prix si doux;
Désirons ardemment une part de son zèle,
Et prions-le souvent de prier Dieu pour nous.

LE BON PÈRE.

LE BON PÈRE.

—

> D'un père on ne comprend l'amour
> Que lorsqu'on est père à son tour.

Comme l'aurore sur les tombes,

Dans mes bras tu répands des pleurs ;

Pauvre innocent ! déjà tu tombes

Sous des lois pleines de rigueurs !...

Vois-tu la misère profonde

Que m'aide à supporter la foi ?

Et saurais-tu que, dans ce monde,

Tout t'abandonne, excepté moi ?...

Je suis bien pauvre... et du veuvage

Naquirent mes premiers tourments ;

Comme un captif, de l'esclavage

Je traîne les fers accablants !...

Si j'existe, las de connaître

D'ici-bas les mortels ennuis,

C'est qu'en père digne de l'être,

Je veux vivre pour toi, mon fils !

Cher petit, tu n'as plus de mère

Pour te bercer, pour te chérir ;

Mais tant que je serai sur terre,

Va, j'essaîrai de t'en servir...

Malgré les maux prompts à m'atteindre,

Tu peux compter sur mon soutien,

Et je jeûnerai sans me plaindre,

Pourvu qu'il ne te manque rien !...

Enfant, chère âme de mon âme,

Joyau que m'envirait un roi,

Ah ! laisse tomber en dictame

Les rayons de tes yeux sur moi.

Comme ces étoiles sans nombre

Qui, sur le front des malheureux,

Aiment, lorsque la nuit est sombre,

A verser doucement leurs feux.

Garde tes pleurs, — ce sont des armes

Sans lesquelles mourrait le cœur ;

A ton âge, souvent les larmes

Viennent sans cause ni douleur ;

Mais lorsque les peines réelles

Par tes pleurs voudront s'annoncer,

Elles te seront plus cruelles

Si tu ne peux leur en donner !...

Que dis-je ?... Enfant je te présage

De grands chagrins, de sombres jours ;

Hélas ! je perds donc le courage

Dont je devrais m'armer toujours ?...

Pour être heureux plus que ton père

Sans doute que tu grandiras...

Oh ! si je parle de misère,

C'est que tu ne me comprends pas !...

J'eus de brillantes perspectives,

Je fus riche et n'ai plus de pain,

Mais s'il le faut, pour que tu vives,

Tous les jours je tendrai la main...

De son amour que Dieu t'envoie,

Mon enfant, la royale fleur !

Et qu'il te donne autant de joie

Qu'il m'a prodigué de malheur !...

LA SENTINELLE.

LA SENTINELLE.

—

Regardez !... voyez-vous pensif et solitaire,
En faction là-bas, sur un terrain sableux,
Un jeune homme français, un brave militaire,
Comme un saule pleureur, triste et silencieux !

Il épie, il écoute, en digne sentinelle,
Sur les bords désolés du rivage désert ;
Comme un jour de printemps la mer est calme et belle
Et reproduit l'azur dans son costume vert.

Ni les plaintes du vent, ni les voix du feuillage
N'annoncent au soldat l'existence en ces lieux :
Mais, fidèle au devoir, il reste sur la plage,
Le cœur gros de soupirs, et des pleurs dans les yeux !

Tout à coup, sur sa tête, un groupe d'hirondelles
Gazouille dans les airs un doux chant de départ ;
Et lui, levant le front, il voit leurs brunes ailes
S'étendre vers la France et voler sans retard !

« Ah ! semble-t-il penser, au lieu qui me vit naître,
« Allez, petits oiseaux, timides passagers,
« Vous êtes libres, vous ; mais moi, demain peut-être,
« Demain... je dormirai dans les champs étrangers !

« Adieu, troupe craintive, objet de mon envie !
« Puissent ton arrivée et tes concerts d'amour
« Rendre la joie à celle à qui je dois la vie,
« Et lui donner l'espoir de me revoir un jour !...

« Oui, pars pour le pays que j'habitai naguère,
« Qui te revoit toujours dans la verte saison ;
« Vole... et porte bonheur à ma sensible mère
« En suspendant tes nids à sa pauvre maison !... »

ADORATION.

ADORATION.

—

Quel est ce char au doux murmure

Qui s'avance dans nos climats ?

Il est plein de fraîche verdure,

Et de boutons et de lilas.

A son aspect toute la terre

Frémit d'allégresse et d'amour ;

Tout rajeunit à sa lumière,

Tout resplendit comme le jour !

Que de séduisantes promesses
Il semble faire aux yeux ravis !
Que de trésors, que de richesses,
Eblouissent grands et petits !...
Sourions... c'est la renaissance
Et le berceau des plus beaux jours ;
Inclinons-nous, c'est l'Espérance
Qui revient à notre secours !

C'est Mai ! que sa parure
Eloigne de douleurs !
Quel charme à la nature
Ajoutent ses couleurs !
En ce mois le cœur prie ;
Dieu reçoit plus d'encens,
Et l'autel de Marie
Est entouré d'enfants ;

Tout revit, tout adore,
Tout ne sait que bénir
Cette riante aurore
D'un brillant avenir !...
Mai, c'est après l'orage
Un bienfaisant rayon ;
C'est un heureux présage
Qui brille à l'horizon ;
C'est l'ami du poète,
C'est l'hymne de son cœur ;
C'est le mois qui répète
La beauté du Seigneur ;
Les Cieux, la terre et l'onde,
Les oiseaux et les bois,
Tout rend avec le monde
Hommage au roi des rois !
Chaque être en son langage
S'écrie en chaque lieu :
Dans son parfait ouvrage
Admirons le bon Dieu !

Admirons-le, celui qui donne
A ses enfants des jours heureux,
Au printemps sa verte couronne
Et ses parfums délicieux ;
Il donne aux forêts leur murmure,
Des ailes d'or au papillon,
Au rossignol une voix pure,
Il donne aux brebis leur toison !

Ah ! j'ai trop vu le sein du monde ?
J'ai trop payé peu de bonheur !
J'ai trop aimé ma nuit profonde
Et les illusions du cœur !...
O mon Dieu ! c'est toi que j'honore ;
Tu remplis mon âme en tous lieux :
C'est toi seul enfin que j'adore
Dans tout ce qui plaît à mes yeux !

STANCES

A M. le P...

STANCES

A M. Le P...

—

Pour rendre moins obscurs les bords où je m'exile,
Vous m'adressez, poète, un hymne encourageant:
« Et faut-il, dites-vous, briser son luth docile
  « Dans ce siècle où l'or seul est grand ? »

Le briser, quand là-bas l'ennemi se révèle,
Et lorsque dans la foi l'on sent grandir son cœur?...
Non, non, respectons-le ce talisman fidèle :
  Il saura nous porter bonheur !

Espérons, cher poète, et malgré les orages
Qui menacent souvent ceux qu'a maudits le Ciel,
Malgré les noirs ennuis et les tristes images
  Renfermés dans ce lieu mortel !

Malgré la jalousie à la dent venimeuse,
Malgré le coup reçu qui parfois rend craintif,
Malgré les grondements de la mer furieuse,
  Restons toujours dans notre esquif !

Oui, malgré les autans, continuons la route
Où notre faible pied recule en frémissant ;
A travers les écueils, malgré ce qu'il en coûte,
  N'avançons jamais en tremblant.

Egarés, comme nous, sur l'océan du monde,
Combien d'infortunés, de pauvres voyageurs,
Combien se sont plongés dans un dédale immonde
  En cherchant des endroits meilleurs !...

Sur ce fleuve agité, rien n'arrête le sage,
Car il sait que partout il faut céder au sort,
Et, trouvant le malheur moins grand que son courage,
  Il vogue, vogue jusqu'au port!

Loin du bonheur constant que le juste savoure,
La foi soutient mon cœur, elle enhardit mes pas :
Poète, dans l'horreur de la nuit qui m'entoure,
  Sans elle, que ferais-je, hélas ?

Que ferais-je sans elle?... Où ma muse plaintive
Puiserait-elle un chant capable d'émouvoir ?
La source du malheur me semblerait sans rive,
  Et mon ciel serait toujours noir !...

Montons, montons encor ; la route est fatigante,
Mais qui parvient au but mérite un cher trésor...
Oublions que, plus bas, une foule ignorante
  Se prosterne aux pieds du veau d'or!

Si l'homme riche est grand, le génie a des ailes

Et peut aller plus loin... plus loin, dans l'avenir,

Que l'or et que l'argent, frivoles bagatelles

    Que la rouille est prompte à ternir!...

Adore qui voudra la richesse estimée,

De la vanité folle attrayant piédestal!

Je n'échangerais pas ma lyre bien-aimée

    Contre son poids souvent fatal!...

Chantons le vrai, le beau, chantons encor, poëte,

Sans jamais redouter les propos du jaloux :

Aux chants du rossignol, à ceux de la fauvette,

    Quel tort font les cris des hiboux?...

LA REINE DES FÉES.

DIALOGUE.

LA REINE DES FÉES.

DIALOGUE.

—

UN POÈTE.

Sous les rameaux penchés du frémissant feuillage,
Joli fantôme blanc que la nuit je viens voir,
Reine aux cheveux dorés, comme un sylphe volage,
Dans le crêpe de l'ombre où vas-tu, chaque soir ?...
Sans sceptre ni couronne, Ondine gracieuse,
Tu quittes ton royaume et viens ici penser !
Pour toi la destinée est-elle rigoureuse ?
Quoique fée, aurais-tu des larmes à verser ?...

De ton palais magique, où l'opale étincelle,
Où le jaspe et l'azur se trouvent confondus,
Qui te chasse la nuit ?... En ces lieux qui t'appelle ?
Quel caprice t'amène en nos sentiers ardus ?...
Dans la pourpre, l'hermine et l'or en abondance,
Tu n'es donc pas heureuse ? O nymphe, réponds-moi !
Connais-tu les soupirs, les ennuis, la souffrance ?
Un pouvoir absolu n'est-il plus rien pour toi ?

LA REINE DES FÉES,

Sache que, plus qu'ailleurs, sur mon trône on est triste ;
L'honneur de gouverner me fut toujours fatal...
Le vrai bonheur n'est pas où tu crois qu'il existe :
Que de cuisants soucis sous le manteau royal !...
Puisqu'il faut qu'ici-bas chacun ait sa misère,
Les reines et les rois ont des maux à souffrir...
Apprends que sous le dais la vie est bien amère
Quand on a dans le cœur une plaie à guérir !...

PREMIER CHAGRIN.

A MON FILS.

PREMIER CHAGRIN.

A MON FILS.

Que faisais-tu sur la colline

D'où tu redescends tout en pleurs ?

N'aurais-tu pas froissé l'épine

Que trop souvent cachent les fleurs ?...

Ou bien quelque sombre chimère

Te rendrait-elle soucieux ?

Dis, mon ange, dis à ta mère,

Pourquoi ces larmes dans tes yeux ?

— Maman, lorsque, dans la campagne,

Tu cheminais le livre en main,

Moi, je restais sur la montagne

Pour cueillir les fleurs du chemin ;

Et bientôt un joli nuage

Est descendu si bas, si bas,

Que j'ai cru que, me voyant sage,

Il allait venir dans mes bras.

Puis, soudain, malgré ma prière,

Il s'est, hélas ! bien vite enfui ;

Tant il vole, je crois, ma mère,

Qu'il craint que je coure après lui.

Le vois-tu ?... Quand mon cœur se brise,

Il reste sourd à mon appel ;

Conduit par les flots de la brise,

Il va remonter jusqu'au ciel.

Je l'appelais, ce beau nuage,

Je l'attendais avec bonheur ;

J'aimais son gracieux visage,

Dont je convoitais la blancheur ;

Et, sans pitié pour ma souffrance.

Il s'éloigne de mon chemin !...

Regarde ! il voyage en silence...

Ah ! maman, que je suis chagrin !

Mon doux ami, bien jeune encore,

Tu vois qu'ici-bas le plaisir

Est une ombre qui s'évapore

Quand on s'apprête à la saisir.

De l'espoir la trompeuse image

Entraîne dans l'affliction,

Et la fuite du beau nuage,

Mon fils, c'est la déception !

Mais ne sois pas inconsolable ;

Quitte cet air triste et rêveur ;

Ton sort est toujours enviable,

Et ton âge échappe au malheur...

Quelquefois vers l'heureuse enfance

Ce noir fléau porte ses pas,

Mais ne parle plus de souffrance,

Car toi, tu ne la connais pas.

Enfant (je puis te le prédire),

Sur terre où j'aime à te guider,

Le bonheur viendra te sourire,

Et tu voudras le posséder ;

Mais quand sonnera l'heure sombre

Où t'apparaîtra le réel,

Tu ne verras même plus l'ombre

Du bonheur et de son autel !...

Les roses naîtront sur ta route,

Et mille désirs dans ton cœur ;

Mais tu sauras alors, sans doute,

Que l'homme est né pour la douleur...

Quand cette douleur qui m'inspire

T'aura frappé, t'aura vaincu,

Pauvre petit, tu pourras dire,

Tu pourras dire : « J'AI VÉCU ! »

ÉPITRE

A M. *** après une visite avec lui aux ruines de l'abbaye de Jumièges.

ÉPITRE

A M. *** après une visite avec lui aux ruines de l'abbaye de Jumiéges.

Dans sa royale enceinte, où le penseur s'inspire,
N'est-ce pas qu'il est doux de méditer la nuit?
Ce noble monument qu'en lambeaux on admire
Dans l'ombre du passé fait courir notre esprit.
A son illustre aspect l'étranger s'émerveille...
Nul chef-d'œuvre éclatant ne saurait l'effacer ;
Jumiéges dans son cœur possède une merveille
Que cent fois le pinceau se plut à retracer.
Un informe donjon, dans sa grandeur altière,
Malgré les coups du sort, sur le temps qui passa,
Reste encore aujourd'hui de ce beau monastère
Où le progrès de l'art autrefois s'épuisa.

Et le vaste terrain qui sous son faix chancelle,

Présente au visiteur un portail inégal :

C'est un dernier morceau de sa vieille chapelle,

Dont les siècles ont fait un arc triomphal.

Là-bas on voit aussi des restes de murailles

Qui sur l'herbe du sol projettent leur dessin,

Et, tel le vaste champ des sanglantes batailles,

Ils portent des blasons incrustés dans leur sein ;

De portraits différents le confus assemblage

Sur ces débris poudreux est gravé simplement,

Puis quelques vers latins, que respecte encor l'âge,

Forment de ces vieux murs le bizarre ornement.

Çà * et là, mille objets enrichis de sculpture

Sont des âges finis un souvenir resté,

Et forment un tableau d'antique architecture,

Acquis depuis longtemps pour la postérité.

---

* Comme cet *hiatus* ne choque nullement l'harmonie, j'ai préféré m'en servir que d'employer d'autres mots qui n'auraient rendu qu'imparfaitement mon idée.

Elle existe toujours cette voûte ancienne
Abîme où le coupable allait chercher la mort;
D'ici je vois encor la route souterraine
Du précipice affreux qui châtiait son tort.
A travers les créneaux tombés de l'édifice
Une pierre offre aux yeux un nom cent fois cité,
Et sous ce noir tombeau que la mousse tapisse
Le cœur d'Agnès Sorel attend l'éternité!...
   Errant dans l'herbe en fleur par les pas abattue,
Le pied rencontre aussi des ornements brisés :
Là, c'est le piédestal d'une froide statue
Dont on heurte plus loin les membres dispersés.
Des parures d'autel, des tronçons de colonne,
Comme un feuillage mort, gisent sur le gazon ;
Ce qui vit doit finir, — le Tout-Puissant l'ordonne, —
Mais de cette abbaye on redira le nom...
Les rois persécutés, les captifs et lévites,
Réclamèrent l'abri de son toit protecteur;
Elle était jeune alors, et huit cents cénobites
Y chantaient nuit et jour des hymnes au Seigneur!

La Seine lentement conduit au monastère,
Qui se révèle au loin par sa dernière tour,
Et dans un fond pierreux où fleurit la bruyère
On le trouve et chacun y pénètre à son tour.

Vous souvient-il qu'assis sur la tendre verdure
Qui borde le vieux cloître à ses derniers moments,
Vous regardiez, ami, de sa corolle pure,
Le frais myosotis exhaler son encens :
« Cette fleur, disiez-vous, que le printemps veloute,
« Aux endroits isolés semble se convenir ;
« Elle apparaît ici pour nous dire, sans doute,
« De garder de ces lieux l'éternel souvenir !... »
Mais qui pourrait jamais oublier leur histoire ?
Ne sont-ils pas encor visités tous les jours ?...
Au barde ils font créer des rêves pour la gloire,
Car l'inspiration près d'eux répond toujours.
Le prêtre y va prier ; l'écrivain romantique
Y cherche le sujet d'un récit fabuleux :
On penserait vraiment qu'un pouvoir magnétique
Attire tout le monde en leur sein merveilleux.

Honneur ! trois fois honneur ! aux restes d'un asile
Qui jadis protégea tant de nobles guerriers !
Si le fardeau des ans l'écrase et le mutile,
Un constant souvenir le couvre de lauriers !...
Des injures du sort il ne peut se défendre,
Mais des échos du ciel ce langage est sorti :
« Quand la foudre et le Temps le réduiraient en cendre,
« Toujours par la mémoire il serait rebâti ! »

LES SOUPIRS.

LES SOUPIRS.

—

> La vie humaine est l'image de la mer : un rien la trouble et l'agite, un rien la calme et l'embellit.
>
> Mme Célénie D...

Depuis son premier jour jusqu'à sa dernière heure,

L'homme vit d'espérance et de regrets amers !...

S'il affecte un souris lorsque son âme pleure,

Un soupir douloureux trahit ses maux divers !...

Aime-t-il ?... il soupire... A-t-il besoin qu'on l'aime

Et que la sympathie unisse un cœur au sien ?...

Un soupir le dira !... Le soupir, c'est l'emblême

De chaque sentiment, — condamnable ou divin.

Quand on connaît par cœur l'histoire de la vie,

Quand on s'est égaré dans l'abîme des jours,

Quand l'ombre du bonheur, vainement poursuivie,

Loin de nos faibles pas disparaît pour toujours ;

Lorsque sur notre front abattu par l'orage

Nos malheurs sont écrits dans les sillons des ans,

C'est encor des soupirs le suprême langage

Qui mieux que notre voix révèle nos tourments.

On ne soupire pas seulement dans la peine :

La joie a des soupirs comme l'adversité ;

Elle gonfle, elle oppresse et court de veine en veine,

Puis revient, l'étouffant, dans le cœur agité !...

Avec le souvenir, les ennuis, la tristesse,

Le souci, le remords, arrivent les soupirs ;

Des exilés du Ciel ils montrent la faiblesse

Et, comme des douleurs, ils naissent des plaisirs !...

Oui, l'homme respire,
Et dans chaque lieu
Tout vit, tout soupire,
Pour révéler Dieu !...
La plaine féconde,
Les oiseaux dans l'air,
Les poissons dans l'onde,
Le soleil, l'éclair,
Les feuilles, la brise,
Le monde et l'amour,
L'autel à l'église,
La nuit et le jour,
Le bruit, la science,
L'étoile et la fleur,
Prouvent l'existence
D'un Dieu créateur !...
Vers ce tendre père,
Montez, mes désirs,
Allez, ma prière,
Volez, mes soupirs !

Tel un crime de moins dans l'âme du coupable,
Le soupir exhalé laisse au cœur un doux fruit,
Par des soupirs la vie, hélas ! si peu durable,
  Commence, s'agite et finit !

Les soupirs de la joie et ceux de la souffrance
Témoignent des secrets engloutis dans le cœur !...
Sans soupirs — point d'amour, point de foi, d'espérance !
Point d'âme pour voler, en extase, au Seigneur !...
Soupirons pour celui qui dans l'erreur succombe !
Dans nos jours d'allégresse et dans nos jours de deuil !
  Espérant que, jusqu'à la tombe,
Les soupirs d'un ami suivront notre cercueil !...

LA CROIX DU CHEMIN.

LÉGENDE BRETONNE.

LA CROIX DU CHEMIN.

LÉGENDE BRETONNE.

> La croix, c'est la foi; la foi,
> c'est la route du Ciel.
> Mme Célénie D...

Sous le beau ciel de la Bretagne,
Au bout d'un chemin tortueux,
Sur le sommet d'une montagne,
Se passent des faits merveilleux.

Une humble croix est élevée
Dans cet endroit tant respecté ;
Le soir, quand la lune est levée,
On y va chercher la santé.

Elle s'y trouve pour l'enfance
Qui sait prier avec ferveur :
La prière de l'innocence
Arrive toujours au Seigneur.

La prière, c'est une offrande,
C'est le tribut qu'on doit à Dieu,
Et c'est le parfum qu'il demande
Quand nous sommes dans le saint lieu.

❊

Sur la montagne salutaire,
Avant qu'on eût dressé la croix,
L'unique enfant d'un prolétaire
Priait le Ciel à haute voix.

Il était privé de la vue ;
Son second lustre allait fleurir ;
Il demandait une entrevue
Avec Dieu qui peut tout guérir !...

« Rends-moi, disait-il, l'espérance,
« Oh ! fais éclater ton pouvoir !
« Je n'ai qu'à moitié l'existence...
« Je n'ai pas le bonheur de voir ! »

Le Très-Haut, sensible à sa plainte,
Descendit sur un char brillant :
L'éclat d'une auréole sainte
Animait son front rayonnant.

Il toucha de sa main divine
L'infortuné qui l'implorait :
Ce que Dieu fit — on le devine —
L'enfant eut ce qu'il désirait.

Il sortit d'une nuit profonde
Pour admirer l'astre du jour,
Et put voir le Sauveur du monde
Regagner l'auguste séjour.

Trente ans plus tard, un héritage
D'un malheureux fit le bonheur :
L'aveugle-né de son village
Etait devenu le seigneur.

Où Dieu lui prouva sa puissance
Il fit ériger une croix.
Ce gage de reconnaissance
Fut agréable au Roi des rois.

Sur cet emblème du martyre
Où le Tout-Puissant expira,
Le temps permet encor de lire
Ces vers que le Ciel inspira :

« Je calme les douleurs et je rends l'espérance
« A la vierge pudique, aux vertueux enfants :
« O vous qui n'avez plus la sublime innocence,
« Laissez venir à moi les petits innocents ! »

Combien de pères et de mères
Viennent sur le mont tour à tour,
Et joignant leurs vœux aux prières
Des fruits aimés de leur amour !

Quand l'enfant, qui se voit malade,
A la croix dit une oraison,
En priant, qu'il se persuade
Que la foi… c'est la guérison !

Ce qui sauve, c'est la croyance,
C'est elle qui mène au bonheur…
Ah ! laissez donc, laissez l'enfance
Confier sa vie au Seigneur !…

A UNE DAME

Qui me disait impoliment que je ne fréquentais pas assez le monde pour le connaître.

A UNE DAME

Qui me disait impoliment que je ne fréquentais pas assez le monde pour le connaître.

—

Je n'ai pas vingt-trois ans, mais, croyez-moi, madame,
Je vois assez le monde, ainsi que ses détours ;
Et je me plais à fuir ce qui perdrait mon âme
Par la malignité qu'il engendre toujours.

Vous croyez, malgré tout, qu'en ses piéges sans nombre,
Mes pas que la foi guide iront se hasarder ;
Pensez-vous que, sans frein, je marcherais dans l'ombre ?
Que devant moi mes yeux ne peuvent regarder ?...

D'une foule traîtresse où mille flatteries
Savent si bien voiler les torts du cœur humain,
Les rôles briseraient mes douces rêveries...
On ne me verra pas vous y donner la main.

La prudence me suit et l'exemple m'éclaire :
Vers moi se sont tournés des traits pernicieux,
Mais ils n'ont jamais su, jamais su me soustraire
L'art de les pressentir et de m'éloigner d'eux.

Le monde est à mes yeux un arbre de science,
Dont les fruits, ici-bas, peuvent porter malheur ;
Mais celui qui de Dieu tient une prescience
Peut toujours éviter ce qui perdrait son cœur.

Du charme, des plaisirs d'une foule ironique,
Sans repentir secret, je m'écarte avec soin :
Comme l'image vue au travers d'une optique,
Le monde est mieux compris quand on le voit de loin...

LE VIEILLARD & L'ENFANT.

LE VIEILLARD & L'ENFANT.

—

Les vents sifflaient dans la campagne ;
Les oiseaux tremblaient dans le bois ;
Le pèlerin, sur la montagne,
Grelottait au pied d'une croix.
Plus loin, du flanc de la colline,
On entendait mugir la mer,
Et la plaine en manteau d'hermine
Offrait l'image de l'hiver.

Je quittais une froide allée
Où s'acheminait lentement
Un vieux pâtre de la vallée,
Accompagné d'un jeune enfant.
Tant que le permit la distance,
Je regardai ces deux amis ;
Ils se parlaient sans méfiance,
Et voici ce que j'entendis :

L'ENFANT.

On dirait qu'ici rien n'existe ;
Grand-père, où donc me conduis-tu ?
Hélas ! comme tout paraît triste !
Et comme tout est dévêtu !
Ah ! quel désordre ! quel ravage !
Où sont les fruits des arbrisseaux ?
Qu'est devenu leur doux ombrage ?
Où sont tous les nids des oiseaux ?

LE VIEILLARD.

Oui, mon enfant, tout a changé de face,
Car, Dieu le veut, tout doit subir la mort...
La fleur d'été naît et brille et s'efface
Pour satisfaire à la loi de son sort.
Le vaste champ de neige se tapisse ;
Mais du printemps reviendront les douceurs :
La terre alors, en féconde nourrice,
Prodiguera son bien aux actifs laboureurs.

L'ENFANT.

Grand-père, pour que la nature
Redevienne belle au printemps,
A faire sa riche parure
Le bon Dieu met-il bien du temps ?
L'un après l'autre, dans les plaines,
Si chaque brin d'herbe est planté,
Il faudra des mois par centaines
Avant de revoir un été.

LE VIEILLARD.

Va, mon petit, sans une longue attente,
Tu pourras voir l'arbre encor reverdir,
Et sa vigueur pour un instant absente,
Va dans son tronc et renaître et grandir.
Il ne te faut qu'un regard de ton père
Pour obéir à toute heure en tout lieu,
Et sache aussi que la nature entière,
Pour agir, n'a besoin que d'un regard de Dieu !

A MON PAYS.

SOUVENIR D'ENFANCE.

A MON PAYS.

SOUVENIR D'ENFANCE.

Lieurey, pays charmant que je regrette encore,
Sur ton sol je marchai pour la première fois ;
Je quittai ton beau ciel à peine à mon aurore,
Pour suivre de mon sort les rigoureuses lois.
Mais le devoir est là ; je l'entends, il murmure :
« L'oubli de tes climats serait pour toi fatal ;
« Dans l'exil, où souvent son existence est dure,
« Le soldat se souvient de son pays natal. »

Oui, j'aime aussi les lieux où les eaux du baptême
Ont su me délivrer du crime originel ;
Où j'ai chauffé mon front à l'haleine suprême
De l'amour le plus pur, de l'amour maternel !...
Depuis qu'ils ne sont plus, ceux dont j'étais aimée,
Seule, entre deux tombeaux, j'ai déploré mon sort :
Mais ni soupirs, hélas ! sur la tombe fermée,
Ni plaintes, ni douleurs n'attendrissent la mort !...
Le temps brisa pour moi le prisme du jeune âge
Que j'ai beaucoup pleuré, que je pleure toujours,
Et dont mon cœur chérit la séduisante image
Qui dans mes souvenirs s'imprime tous les jours.

LIEUREY, tu me voyais, au lustre le plus tendre,
Fuir le monde et souvent méditer au saint lieu ;
Jusqu'au Ciel tes échos firent jadis entendre
Et les cris de ma joie et ma prière de Dieu.
Ce fut en parcourant tes splendides campagnes,
Qu'un ange m'apparut pour m'inspirer les vers :
Alors j'aurais juré que, loin de mes compagnes,
La gloire m'attendait sans ses nombreux revers.

Ah ! cette illusion me fut bientôt ravie !
Le gouffre du passé ne me la rendra pas :
Quand on perd ce qui fait le charme de la vie,
On s'afflige, on voudrait retourner sur ses pas !...

Renferme dans ton sein mes paroles dernières,
Cher pays dont le nom sait émouvoir mon cœur,
Dont le jour éclatant inonda mes paupières,
Dont l'aspect m'enivra du plus parfait bonheur :
Imitant l'hirondelle, intelligente et bonne,
Qui revole à son nid quand revient le printemps,
Loin de toi je vivrai, — le devoir me l'ordonne, —
Mais tu me reverras une fois tous les ans !...

LA PRIÈRE.

LA PRIÈRE.

∗
∗ ∗

Petits enfants, aimez le jeu,
Dansez, gazouillez sous l'ombrage ;
Amusez-vous bien — le bon Dieu
Permet que l'on rie à votre âge.

∗
∗ ∗

Courez après les papillons
Qui voltigent dans la prairie ;
Fredonnez aussi des chansons,
Ou quelque cantique à Marie.

⁎

Entre les fleurs et vos jouets,
Rêvez à côté des bruyères,
Et cueillez de jolis bouquets
Pour les rapporter à vos mères.

⁎

Regardez le pensif agneau
Brouter sa tendre nourriture ;
Ecoutez du petit oiseau
La voix mélodieuse et pure.

⁎

Pour vous divertir, le poisson
Joue avec l'eau de la rivière,
Et le folâtre moucheron
Se sauve dans l'herbe légère.

*
* *

Regardez, mais ne touchez pas

A ces chétives créatures :

Craignez que vos mains ou vos pas

Ne leur fassent quelques blessures.

*
* *

Petits enfants, aimez le jeu,

Dansez, gazouillez sous l'ombrage ;

Amusez-vous bien — le bon Dieu

Permet que l'on rie à votre âge.

*
* *

Mais, au sein de plaisirs nombreux,

N'oubliez pas votre prière :

Matin et soir, pour être heureux,

Ne manquez jamais de la faire.

*
* *

Si haut que Dieu soit, mes enfants,
Sur son trône où toujours il veille,
La voix du cœur a des accents
Qui montent jusqu'à son oreille.

*
* *

Priez pour que joie et santé
Vous restent longtemps sur la terre ;
L'ennui naît de l'impiété,
Et le bonheur de la prière.

EXHORTATION

A MON MARI.

EXHORTATION

A MON MARI.

—

Conduis-moi sur la plage où l'on m'a donné l'être,
Une dernière fois je tiens à la revoir ;
Viens, oh ! viens sous le ciel qui ne me fit connaître
Que l'amour maternel, le bonheur, le devoir.
Je sens que de mon cœur la sève se retire ;
L'ennui, le sombre ennui m'a livrée au chagrin,
Et l'astre de l'espoir sur moi cesse de luire
Même avant que ma vie arrive à son déclin...

J'ai soif de l'air natal, car, vois-tu, je suis née
Dans un pays que Dieu protégera toujours...
Là, du moins, j'ai rempli la page fortunée
Où le sort me permit d'inscrire mes beaux jours.
Longtemps, longtemps encor, si tu veux que je vive,
Prends la route du lieu qu'appelle en vain ma voix ;
Tu verras les sentiers que ma marche craintive,
Quand j'étais toute jeune, a foulés tant de fois !...
Alors, d'espiègle enfant, je devins bientôt femme,
Mais la femme est, hélas ! l'esclave des tourments...
Pour la joie, autrefois, je me sentais une âme,
Et maintenant le calme a déserté mes sens...
Va, mais qu'à ton côté, par ton bras soutenue,
Vers le toit paternel je dirige mes pas ;
Pour tout le monde, ici, je suis une inconnue...
Partons... La voix du cœur me rappelle là-bas !...

COMMENT ON AIME.

COMMENT ON AIME.

Je suis de naissance ouvrière ;
Le bonheur ne me sourit pas ;
Je naquis dans une chaumière
Que les arbres cachent là-bas.
Comme la fleur de la vallée,
Sans nom, sans amis, sans parents,
Je vis, chaque jour, isolée,
Et je ne veux briller qu'aux champs.

L'autre matin, dans ce lieu même,
Suivi des seigneurs de sa cour,
Le roi m'offrait son diadème,
En échange de mon amour.
Le roi plus qu'un autre est aimable,
Il est riche, puissant et beau ;
Quel tissu serait préférable
A l'hermine de son manteau ?...

Le même jour, dans la prairie,
Léon me dit avec douceur :
« Depuis longtemps déjà, Marie,
« Je vous aime de tout mon cœur. »
Léon n'a pour toute richesse
Qu'un toit de paille, comme moi,
Eh bien ! quoiqu'il soit sans noblesse,
Léon me plaît mieux que le roi.

Si le roi redit qu'il m'adore,
Et s'il me le jure à genoux,
Je saurai lui répondre encore :
— Vous ne serez point mon époux.
J'accepterais votre couronne,
Et peut-être qu'avec bonheur
Je vous donnerais ma personne
Si Léon n'avait pas mon cœur.

L'ÉTOILE.

L'ÉTOILE.

***

Comme un petit oiseau qui cherche sa pâture,
Dans les champs et les bois, j'errais pendant l'hiver,
Car ma muse, à son tour, voulait sa nourriture,
Et je la lui trouvai sur le bord de la mer…

Un souffle, un rien parfois inspire le poète ;
Là-bas un rien l'entraîne, un rien l'amène ici,
Un rien souvent lui cause une peine secrète,
Et d'un rien j'ai tiré l'histoire que voici.

*
* *

Le tourtereau dormait près de sa bien-aimée ;
Un bruit vague et confus montait jusqu'au ciel noir ;
La lune reprenait sa route accoutumée,
Les heures s'éteignaient dans les ombres du soir...

Le cœur se remplissait de lugubres prestiges ;
Les vents s'emprisonnaient dans un brouillard malsain ;
Les roses de Noël frémissaient sur leurs tiges,
Et l'insecte léger se cachait dans leur sein.

Une femme aux yeux bleus, à la bouche rosée,
Au regard sympathique, au souris calme et doux,
Toute seule avec Dieu, son enfant, sa pensée,
Le long d'un froid rivage attendait son époux.

Il revenait alors après un an d'absence ;
Bientôt elle et son fils allaient l'apercevoir ;
La vapeur approchait, fendant le fleuve immense
Auquel la jeune femme attachait son espoir.

Tout à coup, sur la mer, un point commence à luire :
« Le voilà ! » cria-t-elle, en étendant sa main
Vers les voiles flottants des grands mâts du navire,
Dont l'épaisse fumée errait dans le lointain.

A ce moment, là-haut, une étoile brillante
Apparaît doucement comme un présage heureux,
Dans le miroir des eaux sa clarté vacillante
Se reproduit soudain comme l'azur des cieux.

L'enfant qui vers le lac penchait sa tête blonde,
Dit alors à sa mère avec un doux émoi :
« Quel beau petit joujou je vois briller dans l'onde !...
« O maman, je le veux ! maman, donne-le moi ! »

— « Mon petit, cher agneau, répond la tendre mère
A son fils — ingénu comme on l'est à cinq ans, —
Mon petit, ce joujou, quoiqu'il sache te plaire,
N'est pas fait pour entrer dans la main des enfants.

Ce qui dans l'Océan à tes yeux se dévoile,

Qui, tel un diamant, brille pour te tenter,

Ami, c'est le reflet d'une timide étoile

Qui n'habite qu'aux cieux où je ne puis monter.

Tiens! regarde là-bas! Vois-tu, mon petit ange,

Au-dessus de ton front, vois-tu ce que tu veux?

Malgré tout mon désir et ton envie étrange,

Je ne puis te donner cet astre radieux.

Il est trop loin d'ici pour jamais y descendre ;

Rien ne peut le saisir ou lui porter ma voix,

Et si, plus près de lui, j'essayais de le prendre,

Il se fâcherait tant qu'il brûlerait mes doigts ! »

*
* *

L'innocent resta sourd à ce naïf langage ;

Son regard aussitôt devint triste et rêveur ;

Et le navire alors abordait au rivage,

Rapportant à l'enfant son tendre protecteur.

Mais rien ne lui plaisait autant que la lumière
Que l'étoile versait sur son front gracieux,
Ah ! malgré les bonbons prodigués par son père,
Les pleurs du déplaisir inondèrent ses yeux !...

. . . .

L'homme gémit, hélas ! dès sa plus tendre enfance,
Dès sa première aurore il est infortuné ;
Une larme, un soupir révèlent sa souffrance :
Par ses cris douloureux on apprend qu'il est né !
Il grandit et grandit, puis des songes frivoles
Guident ses pas errants vers un but incertain ;
Le voyez-vous bâtir, façonner des idoles,
Qu'il encense aujourd'hui, qu'il brisera demain ?...

Il se plaint hautement de son destin sévère,
Du malheur que lui-même attire sur ses pas ;
Toujours il est déçu, mais toujours il espère,
Et l'objet qui le charme est celui qu'il n'a pas.

Oh ! tant que durera sa fatale inconstance,

Et tant que l'impossible aura des envieux,

Tant que l'or sera *dieu*, non, la Toute-Puissance

Ne consentira pas à rendre l'homme heureux !

Pourquoi donc s'attacher à des biens périssables !

A des biens que le sort peut nous ravir ce soir ?

Pourquoi vendre notre âme à des désirs coupables ?

Et sur un mont d'argile élever notre espoir ?...

O Seigneur ! à tes lois, rends l'homme plus fidèle ;

Délivre ses regards du bandeau des erreurs,

Et de ta clarté sainte envoie une parcelle

Dans le fond de l'abîme où s'égarent nos cœurs !...

IMPRESSIONS ET RÊVERIES.

FANTAISIE.

IMPRESSIONS & RÊVERIES.

FANTAISIE

Le sylphe vole aux fleurs et l'abeille à sa ruche ;
Les baisers du zéphir effleurent le gazon ;
Sur le faible rameau la fauvette se juche ;
L'ombre en vaste océan flotte dans l'horizon...

Le lièvre se promène avec inquiétude ;
D'un rideau de brouillard tes sentiers sont couverts ;
Et la chute du jour, objet de mon étude,
En un sépulcre obscur transforme l'univers.

Une source à mes pieds, se tourmente et murmure ;

L'hirondelle pensive endort ses rejetons ;

C'est la reine du soir qui change la nature :

Elle vient, elle arrive, elle chante... Ecoutons !

« Ondines, filles blondes,

« Déesses de ma cour.

« Sortez du sein des ondes,

« Et pleurez jusqu'au jour !

« Grand Dieu ! le rang suprême,

« Où naissent mes tourments

« Ne vaut le diadême

« Et ses milles ornements...

« Mais, en deuil, qui désire

« Incessamment trôner?

« Dans ce lugubre empire
« Qui voudrait gouverner?
« Oui, ma vie est pénible
« Et cruelle à la fois,
« Car d'un ennui terrible
« Je gémis sous le poids.

« Ondines, filles blondes,
« Déesses de ma cour,
« Sortez du sein des ondes,
« Et pleurez jusqu'au jour!

« Au dais qui me protége
« On attache l'honneur;
« Mais l'honneur cache un piége,
« Et je dis de bon cœur :
« Le dais et la couronne
« Sont d'affligeants trésors,
« Quand l'ornement du trône
« Ressemble au drap des morts!

« Ondines, filles blondes,

« Déesses de ma cour,

« Sortez du sein des ondes,

« Et pleurez jusqu'au jour!...

« Pleurez!... ce sont vos larmes

« Qui font naître les fleurs,

« Et l'herbe a plus de charmes

« En balançant vos pleurs.

« Ondines, filles blondes,

« Déesses de ma cour,

« Sortez du sein des ondes,

« Et pleurez jusqu'au jour! »

Quel gracieux essaim de nymphes vaporeuses
Se présente à mes yeux sur un funèbre char!
Dans les champs altérés leurs larmes précieuses
Tombent pour devenir un bienfaisant nectar.

Mais, là-bas, tout là-bas, le temps paraît moins sombre ;

Un long sillon de feu traverse le ciel noir :

C'est l'aube matinale !... Et les filles de l'ombre

Ont déjà disparu comme un rayon d'espoir !...

DANS LE SOMMEIL.

A M. B...

DANS LE SOMMEIL.

A M. B...

—

> Les vapeurs du sommeil sont le remède le plus souverain des souffrances morales.

On se revoit enfant pencher un front candide
Sur le sein d'une mère où l'ennui ne vient pas ;
Le sommeil c'est l'oubli du destin trop perfide
Qui de soucis en maux nous promène ici-bas.
Lorsqu'un jour malheureux a fait naître nos larmes,
Nous retrouvons l'espoir dans un profond sommeil ;
Et la plus douce erreur, toujours pleine de charmes,
Fait d'un nuage sombre un horizon vermeil.

De rêves enchanteurs la troupe vaporeuse
Vient bercer notre esprit, abuser notre cœur ;
Mais que l'Illusion soit volage ou trompeuse,
Qu'importe, si son prisme adoucit le malheur ?...
L'empire du sommeil est un endroit unique
Où par monts et par vaux l'homme se voit marcher :
Il voyage et voyage en ce pays magique
Sans savoir ce qu'il fuit, ni ce qu'il va chercher.

A l'heure où le sommeil commence à nous atteindre,
Où sur nos yeux fermés ses pavots sont si lourds,
Il a mille douceurs que je me plais à peindre :
Combien d'infortunés voudraient dormir toujours !...
Plus on dort, moins on souffre et moins on se désole ;
L'homme doit au sommeil ses plus heureux instants ;
Ah ! si de la douleur la vie est le symbole,
On ne saura jamais dormir assez longtemps !...

L'ENFANCE.

L'ENFANCE.

⁎

Timide enfant, aux innocents sourires,
Ton front est pur, tu rêves le bonheur ;
Si quelquefois, attristé, tu soupires,
Le Dieu qui t'aime abrège ta douleur.
Chacun t'envie, ô jeunesse éphémère !
Ton souvenir n'est jamais accablant :
L'adolescent qui voit mourir sa mère
Voudrait se voir encor petit enfant.

*
* *

De noirs pensers n'ombragent point ta vie :
On t'aime bien, souvent tu n'aimes pas ;
Un seul jouet peut combler ton envie;
Un papillon te fait ouvrir les bras.
Chacun t'envie, ô jeunesse éphémère !
Ton souvenir n'est jamais accablant :
Le Français seul sur la terre étrangère
Voudrait se voir encor petit enfant.

*
* *

Un rien, enfant, ferait couler tes larmes,
Mais aussitôt joyeux tu reparais ;
Tout te sourit, tout a pour toi des charmes,
Et pour mourir, petit ange, tu nais !...
Chacun t'envie, ô jeunesse éphémère !
Ton souvenir n'est jamais accablant :
L'homme affligé, réduit à la misère,
Voudrai se voir encor petit enfant.

***

Tes jeunes ans, bercés par l'innocence,
Passent sans bruit pour ne plus revenir ;
Trop tôt pour toi les plaisirs de l'enfance
Se changeront pour un sombre avenir...
Chacun t'envie, ô jeunesse éphémère !
Ton souvenir n'est jamais accablant :
Quand le pécheur offre aux Cieux sa prière,
Il voudrait être encor petit enfant.

***

Tes jours, enfant, ce sont des jours de fête,
Dont bien longtemps tu ne pourras jouir :
Comme l'hiver est fait pour les tempêtes,
Le cœur de l'homme est créé pour souffrir !...
Chacun t'envie, ô jeunesse éphémère !
Ton souvenir n'est jamais accablant :
Le bon vieillard, au bout de sa carrière,
Voudrait se voir encor petit enfant.

SOUVENIR.

A Mlle Palmyre C...

SOUVENIR.

A Mlle PALMYRE C...

Dieu t'a donné, Palmyre, une âme pour mon âme,
Une voix pour ma voix, un écho pour mon cœur;
Hélas! pourquoi faut-il, douce et sensible femme,
Que le sort loin de moi te rappelle au bonheur!
Que ne puis-je te voir, te parler et t'entendre!
Que ne puis-je, en planant dans l'ombre du passé,
Ressaisir l'heureux temps où je pus me défendre
De tous les maux voulus par le Ciel offensé!...
Le hasard m'a jetée, au printemps de ma vie,
Sur un sol inconnu, sous un ciel nébuleux;
Qui me rendra la joie à mon âme ravie?
Qui la ramènera vers mon sein malheureux?...

Je me vois lentement traîner mon existence

Au milieu des chagrins, des soupirs et des pleurs...

J'use mes plus beaux jours dans leur abîme immense

Où du calme jamais ne règnent les douceurs!...

Je souffre, je m'émeus, je me souviens, je prie...

Aux rêves de mon cœur il me faut renoncer ;

Et de l'erreur, en vain, la douce rêverie

Me redonne un espoir trop prompt à s'effacer!...

Oh! si je retrouvais les jours de mon enfance,

— Jours heureux, mais, hélas! bientôt évanouis, —

Où près de toi, Palmyre, ignorant la souffrance,

Je ne redoutais pas ses lugubres ennuis!...

Des magiques trésors de ce temps regrettable

Il ne me reste plus qu'un touchant souvenir :

La pitié me délaisse et le malheur m'accable*,

Je voudrais entrevoir un mot de l'avenir !

* Deux irréparables malheurs trop rapprochés l'un de l'autre, la perte d'un bon père et celle de la meilleure des mères, ont fait naître dans le cœur de leur enfant la douleur exprimée dans cette poésie.

Je dirige mon vol vers le sein du possible,
Et souvent je me perds dans son immensité,
Je m'y perds en cherchant un bonheur indicible,
Un bonheur que j'envie à la Divinité !
Il se refuse à ceux que la douleur opprime,
Et j'ose encor vouloir me présenter à lui,
Quand un instinct répond au désir qui m'anime
Que mes jours à venir seront comme aujourd'hui !

   Te souviens-tu toujours des heures fortunées,
Doux moments où ton bras s'appuyait sur le mien ?
Sans cesse nous formions d'heureuses destinées,
Et nos nuits s'écoulaient sous les bosquets d'Eden.
Ils ont passé sans bruit ces instants d'allégresse,
Qui furent tant de fois redemandés à Dieu,
Qui me font regretter ma première jeunesse,
Et dire à l'espérance un éternel adieu !

ADORATION.

ADORATION.

—

Toi par qui tout respire, Être par qui tout pense,
Toi qui du haut du Ciel peux lire dans mon cœur,
Mon Dieu ! toi qui connais ton pouvoir, ta clémence,
Et les temps à venir comme moi la douleur,
Pourquoi me laisses-tu seule dans ma nacelle?
Seule ! quand le péril se dresse devant moi ?
Seule ! quand du destin la loi m'est si cruelle...
Seule ! quand j'ai placé ma confiance en toi ?...

L'espoir m'avait promis des heures d'allégresse
Mais pour tromper mon cœur il dirigeait mes pas :
En cherchant le bonheur j'ai connu la tristesse,
Et l'illusion fuit quand je lui tends les bras !...
Abrége les ennuis d'une âme qui t'adore ;
Ecoute encor sa voix humblement t'implorer,
Ou, jusqu'à mon trépas, fais-moi souffrir encore,
Si le mal que j'endure est fait pour t'honorer !

MYOSOTIS.

A mon cousin, M. Evariste L.-G. de C..., réponse à sa pièce
du 2 mai 1863.

MYOSOTIS.

A mon cousin, M. Evariste L.-G. de C..., réponse à sa pièce
du 2 mai 1863.

—

Quoi ! c'est pour vous un problème

De m'avoir vue, à mon tour,

Ravir à sa tige même

Une fleur chère à l'amour !...

Cette fleur, beauté champêtre,

Je l'ai donnée à jamais,

Et vous avez cru, peut-être,

Que je vous la destinais.

Ah ! quoique vous puissiez dire,

Le seul bien que je désire

Est loin de ces tristes lieux !...

Et — c'est moi qui vous l'assure —

J'ai porté ma fleur si pure

A ce que j'aime le mieux.

Aujourd'hui mon interprète,
Mon tendre myosotis,
Ma séduisante fleurette
Se rencontre au sein des lys.
Dans ce mois qui vient d'éclore,
La mère d'un Dieu sauveur
Exauce, quand on l'implore,
Les vœux que forme le cœur.
Loin du lieu sourd à ma plainte,
Aux pieds de la Vierge sainte,
J'ai longtemps prié tout bas,
Et dans sa main généreuse
J'ai mis la fleur gracieuse
Qui dit : « *Ne m'oubliez pas !* »

DANS LES REPLIS DU CŒUR.

DANS LES REPLIS DU CŒUR...

C'est le cœur qui dirige l'homme.

Nul ne se trouve heureux du sort que lui réserve
Le Roi de l'univers — notre suprême auteur ;
On voudrait ici-bas ce qu'aux Cieux il conserve
Pour les trésors cachés dans les replis du cœur...

Lorsque l'on n'a point fait du cœur un vil repaire
Où viennent fermenter les vices tour à tour,
Des plus doux sentiments c'est le pur sanctuaire :
Il renferme la foi, l'espérance et l'amour.

L'amour pour élever le cœur que l'âme inspire
Vers l'auguste palais aux portiques dorés,
L'espoir pour exister, la foi pour nous conduire
— Et ramener à Dieu ses enfants égarés !

Entre l'azur du Ciel et l'ombre de la terre,
Le Très-Haut livra l'homme au pouvoir du malheur !
Par ce fatal destin, dans les chagrins on erre
En contemplant de loin le temple du bonheur...

Quand les peines s'en vont la vie est terminée :
Que de monde, pourtant, voudrait bien rajeunir !
Mais puisque l'infortune est notre destinée,
Bénissons le moment qui viendra la finir.

Ainsi que le soleil chemine dans sa sphère,
Et quitte nos climats quand arrive la nuit,
Chacun de nous se rend au bout de sa carrière :
Au-delà du tombeau son âme s'introduit.

Dans l'ombre du mystère et belle d'espérance,
Elle va jusqu'au seuil de l'Empire éternel.
Il m'est doux de penser qu'après cette existence,
Quelque chose de moi suivra Dieu dans le Ciel !

Avec mille douleurs dont le glaive nous blesse,
Il faudrait sans se plaindre exister et mourir...
Cachons donc en nos cœurs le mal qui nous oppresse,
Puisque le Tout-Puissant les forma pour souffrir !

Combien de nids soustraits aux regards de l'enfance !
De précieux bijoux engloutis dans la mer !
Que de déceptions nous cache l'espérance !
Combien d'âmes aux Cieux ! de crimes dans l'enfer !...

Combien de trahisons sous de tendres caresses,
Et d'astres dans l'Ether, et de jours sans bonheur !...
Ah ! combien de remords, de soucis, de tristesses...
Combien de maux cachés dans les replis du cœur !...

TABLEAU.

A M{ll} Palmyre C...

TABLEAU.

—

La nuit règne sur la vallée,
Sa parure obscurcit les cieux,
Et, triste comme une exilée,
La lune veille au milieu d'eux.

Vois-tu sa paisible lumière,
Dans la plus sombre des saisons,
Répandre sur l'humble chaumière
L'or bienfaisant de ses rayons ?

Vois-tu cette source limpide
Où l'étoile se reproduit,
Et, dans ce bois, l'oiseau timide
Trembler sans ombrage et sans nid ?

Là, de la gerbe des journées
Voyant tomber un épi mûr,
Le bûcheron chargé d'années
Regagne son asile obscur.

Ni fleurs, ni gazon, ni feuillage,
Ne parent le flanc des coteaux ;
Le givre seul au blanc visage
Entoure les faibles rameaux !

Ici, vois, plein de croix sans nombre,
Le cimetière du hameau,
Et dans sa voie étroite et sombre,
On porte quelqu'un au tombeau.

C'est le convoi d'un mercenaire
Qui, quoique mort homme de bien,
N'est précédé que d'un vicaire,
Et n'est suivi que de son chien.

Devant ce tableau que la lune
Rend pâle comme sa lueur,
Vois-tu du sort la loi commune ?
N'entends-tu pas prier ton cœur ?

Moi, j'ai la poitrine oppressée ;
Des sanglots étouffent ma voix...
Je remplis toute ma pensée
De Celui que dans tout je vois !

Mon âme à sa source divine
Remonte, et l'aspect de ce lieu
Semble l'univers qui s'incline
Devant le regard de son Dieu !

LE PÈRE, L'ENFANT

ET LA RONCE.

FABLE.

LE PÈRE, L'ENFANT & LA RONCE.

FABLE.

—

Assis au mois de mai sur la fraîche verdure,
Un père et son enfant, au déclin d'un beau jour,
Les regards attachés dans l'immense nature,
Oubliaient que l'hiver reviendrait à son tour.
L'églantier, les lilas et l'humble violette
Exhalaient de leur cœur un suave parfum ;
On eût dit en voyant la nature en toilette,
Qu'alors deux paradis existaient au lieu d'un.

Mais il fallait quitter cet endroit solitaire,
Et quand le jeune enfant se releva soudain,
En cherchant de son bras un appui contre terre,
Un aiguillon de ronce égratigna sa main...

— Ho! cria-t-il, qui me déchire ?
Tiens, vois mon sang couler... Papa, dis donc pourquoi
Cet arbrisseau règne ici sans rien dire ?

— C'est afin de t'apprendre à mieux penser à toi.

— Mais sans le mériter ce traître me corrige,
Et pour le mal qu'il me fait éprouver
D'où vient qu'il ne craint pas que le bon Dieu l'afflige ?

— C'est qu'il n'a pas d'âme à sauver.

L'homme méchant, mon fils, ferait plus de victimes,
Plus de fautes assurément,
Si l'on n'attachait pas à chacun de ses crimes
Un redoutable châtiment !

LINA A USMARD.

LINA A USMARD.

—

Usmard, il faut que je vous dise
Ce que j'ai rêvé l'autre nuit ;
Je m'affligeais, quelle sottise !
Voyez donc où l'erreur conduit.

Par une crainte imaginaire,
Je m'étais rendue au saint lieu,
Car un autre avait su vous plaire
Et vous la meniez devant Dieu.

Elle avait une robe blanche,
Un voile de même couleur,
Et de la modeste pervenche
Son œil semblait être la fleur.

Je voyais sur sa brune tête
Le myrte joint à l'oranger :
Ah ! c'est que pour elle une fête
Se préparait pour m'outrager...

Elle était aimable et jolie
Comme la Vierge au manteau d'or,
Et, dans mon accès de folie,
Je la trouvais plus belle encor.

De cette jeune fiancée
J'allais pour troubler le bonheur ;
Que faisais-je, pauvre insensée !
Le drame n'était qu'en mon cœur.

Oh ! que ne puis-je vous décrire

Mon inconcevable courroux

Quand un ministre vint lui dire :

— Prenez-vous Usmard pour époux ? —

A la question du lévite :

— Oui, murmura-t-elle en tremblant, —

Et sur ce qu'il vous dit ensuite,

Vous alliez en répondre autant.

Alors, en sursaut je m'éveille,

Et Dieu sait comme je pleurais,

Lorsque mon bon ange, à l'oreille,

Me dit doucement : « Tu rêvais ! »

ÉPIGRAMME.

A M. le marquis de R...

ÉPIGRAMME.

—

A M. le marquis de R...

—

Je n'aime point les compliments,
Je l'ai dit et je le répète ;
Ne me croyez plus des talents
Dont serait fier le vrai poète.
Vous me dites d'un ton flatteur,
(Sans craindre que l'orgueil m'arrive),
Que je suis une tendre fleur,
Une rose à l'âme pensive.

Eh bien ! marquis, le croirez-vous ?
— Tant le caprice me fascine —
Quoique le nom de *fleur* soit doux,
J'aimerais mieux être *Racine*.

LA COUPE DE LA VIE.

LA COUPE DE LA VIE.

La coupe des ennuis, des souffrances, des larmes,
Est un présent des Cieux aux fragiles mortels;
On cherche en vain partout le bonheur et ses charmes :
Le Très-Haut le retient dans ses bras paternels !...
Le bonheur! c'est pour nous un problème à résoudre;
Le bonheur! c'est un rêve, hélas! inachevé,
Une ombre qui se cache au-delà de la foudre,
— Un trésor, un secret qu'on n'a jamais trouvé !...
C'est une coupe, un vase de porphyre,
Où sont cachés les plaisirs les plus grands,
C'est une chose impossible à décrire,
Que Dieu réserve à ses plus chers enfants !
C'est un gage, une récompense
Facile à gagner ici-bas,
Mais dont on n'a la jouissance
Qu'après les douleurs du trépas !...
Vidons l'amer calice
Qui nous est présenté,
Pour passer du supplice
A la félicité.
Avec courage,
Comme l'orage,
Versons des pleurs :
Nous sur nos peines,
Lui dans les plaines
Et sur les fleurs.
Fuyons l'envie
De l'agrément,
Puisque la vie
Veut le tourment.
Mais Dieu ne l'a donnée
Que pour la voir finir.
Après la sombre destinée
Il est un brillant avenir !...
Après l'été renaît la pâle automne;
Après la pluie on revoit un beau ciel ;
Après le repentir la faute se pardonne ;
Après l'adversité le bonheur éternel !...

LE POÈTE.

A M. N.-V. Loysel.

LE POÈTE.

A M. N. V. Loysel.

Nul que lui seul ne connaît sa misère,
Car dans ce monde on ne le comprend pas,
Il en gémit, mais son âme est trop fière
Pour implorer la pitié d'ici-bas.

Dès son printemps, souvent dès son enfance,
La solitude est un bien pour son cœur,
Et l'on dirait, tant il rêve en silence,
Que de son sort il pressent la rigueur.

Par son travail incessant et pénible,
Sa vie est courte, il a peu d'envieux ;
C'est le mortel, l'être le plus sensible,
Il est aussi l'homme le moins heureux.

Qui ne sait pas que la fleur de son âme
Eclot toujours sans air et sans soleil ?
Que de ses maux le baume, le dictame,
Est son labeur dans ses nuits sans sommeil ?...

Cheveux épars et front pensif, le barde,
Le cœur brisé, la plume dans la main,
Le regard fixe, au fond de sa mansarde,
Pense et travaille, oubliant qu'il a faim !

Lorsqu'à son œuvre il donne l'existence,
Lorsque son âme enfante quelques fleurs,
Que de fatigue et que de patience !
Que de soupirs, ah ! combien de douleurs !...

Au sein du jeu, des plaisirs, d'une fête,

On croit en vain qu'aux yeux il va s'offrir...

Point de bonheur pour le pauvre poète :

Dieu le créa pour rêver et souffrir !

Parfois, ainsi qu'une froide statue,

Pâle, immobile, il regarde sans voir,

Et la pensée est un mal qui le tue...

Il est martyr, martyr sans le savoir !

Dans l'avenir qu'il se crée en sa tête

Sont accomplis les projets qu'il conçut,

Mais le temps vole... et jamais le poète

Ne meurt après avoir atteint son but !

FIN.

TABLE.

	Pages.
Préface.	I
Dernières Paroles de ma Mère.	IX
Ma Poésie.	5
Mort d'un Héros.	11
Le Saule Pleureur.	19
Sommeil d'Enfant.	29
Pardon.	37
Mademoiselle de Berval.	43
La Pensée.	55
Le Malheureux se plaignant à son Auteur.	59
Le Cimetière.	65
Après un Sermon.	69
Stances à mon Fils.	75
Elle fit bien.	83

Le Nid d'Oiseau.	93
Le Talisman de l'Ame.	99
Suzanne.	103
Rupture.	119
Le Pêcheur.	123
A mon Cœur.	127
Avant, Pendant, Après.	139
Mon Père.	145
Toujours Belle.	151
Promenade Nocturne.	157
L'Abeille et la Fleur.	163
Saint François de Sales.	169
Le bon Père.	177
La Sentinelle.	183
Adoration.	187
Stances à M. Le P.	193
La Reine des Fées.	199
Premier Chagrin.	203
Epître.	211
Les Soupirs.	219
La Croix du Chemin.	225
A une Dame.	233
Le Vieillard et l'Enfant.	237
A mon Pays.	243

La Prière.	249
Exhortation	255
Comment on aime.	259
L'Etoile.	265
Impressions et Rêveries.	273
Dans le Sommeil.	281
L'Enfance.	285
Souvenir	291
Adoration	297
Myosotis	301
Dans les Replis du Cœur.	305
Tableau.	311
Le Père, l'Enfant et la Ronce.	317
Lina à Usmard.	321
Épigramme.	327
La Coupe de la Vie.	331
Le Poète.	335

ROUEN.— IMP. E. CAGNIARD, RUES DE L'IMPÉRATRICE, 66, ET DES BASNAGE, 5.

DU MÊME AUTEUR.

POUR PARAITRE :

CONTES FANTASTIQUES.

LES VICOMTESSES DE MONTBERCY, histoire corrigée et augmentée.

EDGARD DE VILBREUIL, drame en vers.

www.ingramcontent.com/pod-product-compliance
Lightning Source LLC
Chambersburg PA
CBHW050550170426
43201CB00011B/1644